超级大国的撕裂

美国250年政党政治史

[日] 冈山裕 著
王伟 于永妍 译

上海译文出版社

目 录

序　言

独特的美国政党

美利坚合众国的政坛中有民主党和共和党这两个互为竞争关系的政党，这在日本也是众所周知的。这两个政党的建立时间甚至可以追溯到日本的明治维新之前。民主党的登场大概是在1830年前后，可以说它是全世界最早的以普通大众为支持基础的正式政党。共和党创立于稍晚的19世纪50年代。因南北战争中的解放奴隶宣言而闻名的亚伯拉罕·林肯就隶属该党，其于1860年当选总统，是共和党的首位总统。美国是民主政党政治的创始国。

在政治制度当中，以美国为鼻祖的政治制度并非少数。比如成文宪法法典、总统制度、关于法律等的合宪性司法审查制度等皆属此类，这些制度被很多国家所采用。

但是在政党方面的情况却极为不同。美国政党的情况十分独特，不仅没有被其他国家模仿的迹象，而且除了“在选举中确立独立候选人、以掌握政权为目标”之外，与其他民主主义国家政党几乎没有共通点。英国等盎格鲁-撒克逊系各国虽然同美国一样都采取了两大政党制（两党制），即拥有以获取政权为目标的两大主要政党，但其状况跟美国的政治相比还是有很大不同。

基于这个原因，即便我们在参考日本和其他国家政党情况的基础上观察美国的政党政治，依然有很多不能理解的地方。在2016年的总统选举当中，唐纳德·特朗普这个连共和党的政治家都算不上的人，而且其罔顾事实和歧视性的言行受到了共和党领导们的批评，却依然成为该党总统候选人甚至最终当选，这在很多国家中可能根本无从想象。如果仅仅是不理解倒也无妨，但若通过对其他国家的类推和想象来解释美国的政党政治，恐怕会引起非常严重的误会。

关于美国等各国的两大政党制，人们一般更倾向于将它们理解为全面对决的状况，即“内部各自团结的两大政党从正面展开激战”。这种理解可能对英国这样的国家在某种程度上还是适用的，对于美国却并不适合。因为英国传统上两大政党的主张和支持阶层一直就有很大区别，党内的权力则集中于党的运营机关。美国却并非如此。

说到美国的政党政治，人们可能对两大政党对峙的总统选举印象深刻。但是，这也是两大政党在全国范围内对决的几乎唯一的机会，很难以此类推其政党政治整体的运行方式。

近年，这种全面对决的印象有被进一步强化之感，这是美国的两大政党意识形态上的极化所致。所谓的极化，指的是20世纪70年代以后民主党愈发倾向自由而共和党日益保守，两者各自在意识形态上趋向定型，彼此之间思考方式的差异越来越大（本书以下提到两大政党的极化指的就是这种意识形态的极化）。

因为不同政党的想法不同就认为两者在全面对决，这也是顺理成章的。实际上，如下文所述，两大政党确实也正在加强对决的态势。不过说到底，这些都是与两大政党间的差别较小的过去相较而言，并不代表各个政党内部都是绝对团结一致的。因此当极化强化了两党全面对决的印象后，人们对美国政党政治的误解也可能因此进一步加深。

具有弹性结构且广泛渗透政治的两大政党

如果说内部相对统一的两大政党进行全面对决的这一形象并不恰当，那么我们应该怎样理解美国的政党政治才好呢？在包括日本在内的许多国家，我们都可以把政党看作在某种程度上统一管理的组织。在那里，无论是政治家还是一般党员，其政党属性是一目了然的。一般来说，尽管有程度上的差别，但是党首或者相当于党首的领导者下的命令，政党全体都会服从。

但是在美国，情况却大有不同。虽然美国的主要政党也是由多数人组成的组织，但是它的形象在三个点上有着与其他国家政党迥然不同的特点。

第一，民主党和共和党都是州以及某个地区单位的政党组织联合体，很难称得上是单一的组织。

第二，各地的政党组织虽然也是归属该党的议员在国会和州议会的各个议院成立的组织，但是大多数情况下领导层（运营机关）并不会发出带有强制力的指示。刚才所举特朗普的例子表明美国的政党领导们现在甚至不能在选举中直接决定本党的候选人。

第三，政党内外的边界并不清晰，因为不存在规定什么样的人是该党的成员的明确规则。

由此我们可以了解，与其他国家的政党相比，美国两大政党的统一性极弱，同时结构具有弹性。各政党是由具有多种思考方式的各种势力组成的，而各个势力均自主行动，因此很难实现党团结一致的行动。基于以上缘由，两大政党全面对决的形象并不适合美国。

不过，尽管两大政党缺乏统一性，但它们也渗透进了政治的方方面面。在日本，构成国家政治和地方政治的政党是有偏差的，但是在美国，两大政党制几乎全面渗透了整个政治，包括联邦（国家政治）层级的政治，以及州和地方层级的政治。另外，美国行政机构的高官和法官的大半也是实质上属于政党的。在其他国家，政府机构一般是不具有党派属性的，但是在美国，政党却能够渗透政府机构。

另外，如选出候选人和资金的管理方法等原本应在党内决定的重要事项，如今也是通过法律来进行管理的。两大政党并不仅仅是人们自发聚集在一起形成的结社组织，还有各种主体在其中开展政治活动，这也是其政治体制的一部分。

总之，美国的两大政党具有以下重要特征：一方面作为组织缺乏整体性，另一方面却已广泛渗入且深深扎根于整个政治中。在美国，不仅是政治家，就连选民想要参与政治的话，也要附着于两大政党中的一方，这几乎被视为理所当然之事。但是，他们的活动并不会因此而受到政党的制约，因此成员在政党间移动的情况通常也不会发生。

两个视角——政党和政党制的制度化、支持势力的变化

为什么特定的两大政党在美国催生出了看起来颇为特殊的政党政治呢？本书将按照时间顺序梳理从 18 世纪下半叶美国建国开始的政党政治，在这个过程中回答这个问题。

一些关心现代政治的读者可能会认为这样的说明过于舍近求远。但是，美国政治体制连续性较大，比如在 1788 年批准通过的

《联邦宪法》时至今日依然有效。本书开头已经提到，今天的两大政党也在 19 世纪中叶之前就已形成。迄今为止我们所见的政党和政党政治的特征也是其从建国开始的大约两个半世纪中一点点形成的。即便我们要考察的是今天两大政党已经极化的政党政治，也有必要从产生这个特征的各时期的政治脉络出发。

在此基础上，本书将从两个角度探讨美国政党政治的历史发展状况。

第一，关于政党以及政党制的制度化在历史上的发展脉络。

美国建国时期的政治领袖们对于包含政党在内的所有党派事务极为厌恶。但是在那之后到 19 世纪上半叶，全国规模的政党组织开始形成，选举制度也以政党间的对立为前提进行了修改。20 世纪，民主党和共和党这一政党的特定组合成为了政党政治的载体，在这一前提下，其党内事务也受到法律的控制。

第二，关于支持各个政党的势力构成和两大政党之间的对立局面的变化。

民主党和共和党分别拥有接近两个世纪和一个半世纪以上的历史，在此期间，两个政党逐渐将与建党初期完全相反的主张和支持势力收入麾下。本书希望阐明主要政党在各个时期的支持势力和由此导致的各党内和两大政党之间的政治力学，以及这些特质在漫长的时期内是如何发生变化的。

需要注意的是，各个政党内的势力是多样的，因此两大政党间并不是一直存在明确的对立路线的。即便到了两大政党意识形态极化的今天，这一点依然适用。另外，两大政党之外的政党也会在某些不同的时期发挥一定的影响力，因此本书将适当地提及这些第三党。

本书基于政治学的理论性政党政治研究和历史学的政治史研究知识而写成，以两大政党为中心，尽可能详尽地对美国的选举和政策过程的变化机制进行说明。尽管本书不是美国政治史通史，但我还是尽可能在写作中融入理解现代政治所不可或缺的历史背景。

当大家改变了两大政党全面对决的简单看法之后，就会发现美国政党政治的有趣之处。一般印象中对美国政党政治的认识虽然简单明了，但是并不符合其真实状况。读者通过这本书，或许可以摆脱原有的刻板印象，理解美国政党逐步覆盖政治整体的独特特征，并在此基础上对美国政治加以观察。

美国政治史的时期划分

主要政治事件	时期划分	政党制
1755年　独立战争（～1783年）		
1766年　独立宣言		
1781年　联邦盟约通过	革命时期（1754～1789年）	
1787年　制宪会议		
1789年　联邦政府成立		第1次
〈19世纪〉		
1812年　1812年战争（～1815年）	和睦时期（19世纪10年代～19世纪20年代）	
1828年　A. 杰克逊当选总统	杰克逊时代（19世纪30年代～19世纪50年代）	第2次
1861年　南北战争（～1865年）		第3次
1863年　解放奴隶宣言	重建期（1865～1877年）	
1877年　联邦军从南部撤退		
1883年　《彭德尔顿法案》	镀金时代（19世纪70年代～19世纪末）	
1896年　普莱西案件判决		第4次
〈20世纪〉	进步主义时代（19世纪末～20世纪10年代）	
1917年　参加第一次世界大战（～1918年）		
1929年经济危机开始		
1932年　F. 罗斯福当选美国总统	新政时期（1933～1938年）	第5次
1941年　加入第二次世界大战（～1945年）		
1964年《民权法案》通过	民权运动时期（20世纪50年代～20世纪60年代）	第6次？

附注：具有时代意义的重要事件以加粗表示，政党制一栏表示各期大致的起始时间。美国史的时代划分比较粗略，时间段上也有重叠。

来源：本书作者制作。

政党制的变迁

政党制与时期	主要政党的组合和主要对立点	主要第三党
第 1 次 （1789—1828）	**联邦派、共和派** 联邦政府的职责	工人政党
第 2 次 （1828—1856）	**民主党、辉格党** 对杰克逊政府的态度	反梅森党、自由党、自有土地党、美国党
第 3 次 （1856—1896）	**民主党、共和党** 奴隶制的扩大和南北战争	禁酒党、绿背党、工人政党、人民党
第 4 次 （1896—1932）	**民主党、共和党** 对产业资本主义的态度	美国社会党、进步党
第 5 次 （1932—1968?）	**民主党、共和党** 对新政的态度	进步党（1948 年）、州权民主党
第 6 次 （1968? — ）	**民主党、共和党** 保守自由主义的意识形态对立	改革党、美国绿党、自由党

附注：政党制的时期划分以重要的总统选举年为节点。
来源：本书作者制作。

序章　具有宽松政治覆盖面的美国政党

从本章起，我们将在概括美国政治基本制度框架的基础上，针对现在的选举制度和政策的形成过程，展示美国两大政党宽松地渗透整个政治的状况。

政党对美国乃至整个民主政治都不可或缺。它的作用涉及诸多方面，如收集公民意见并将其反映进政治当中，反过来也要为公民提供重要的政策课题和政策方案，以及培养政治家、运营政府等。

政党是自发的结社，其组织目的是什么呢？美国政治学家安东尼·唐斯（Anthony Downs）在1957年出版的经典政治学著作《民主的经济理论》（*An Economic Theory of Democracy*）中将政党定义为“试图用合法的手段掌握政府机关的人的联合体”。这种认为政党的目的只有追求政府权力的看法可能会让人觉得过于简单粗暴，但是在唐斯重点观察的美国政党中，那些聚集于政党之中的人除了获取选举胜利这一目标之外，实际上很难发现他们的其他共通点。因为这些有着各种利害关系和不同主义、主张、倾向的集团在各自党内也是坚持着各自的立场共存的。

序言中提到过，与其他国家的很多政党相比，美国两个政党的重要组织特征就是它们的弹性构造。美国的主要政党本就不是单一的组织，而是以地区为单位的政党组织联合体。不仅党内的约束力比较宽松，不具备统一性，连政党内外的界线也并不明确。以下我们将就此做进一步的分析。

宽松又敞阔的帐篷

1975年，民主党议员蒂普·奥尼尔（Tip O'Neill）（他在几年后成为国会众议院议长）曾经这样陈述道："我们民主党人（Democrats），大家都在一个帐篷下。如果在其他国家，我们大概要分成五个不同的政党了。"

这段话作为表述当时民主党状况的发言而广为人知。但是帐篷这个比喻确实准确抓住了美国两大政党拥有弹性构造、宽松而敞阔地覆盖住整个政治的特点。其具体形象可以说是这样的，在美国有两个被冠以政党名称的巨大帐篷，它们分别扩展覆盖至政治的方方面面，两者加起来就几乎覆盖了美国政治的全部。

无论怎样的组织都存在一些广义的规则，这些规则规定了其成员组成以及成员的必要资格和组织活动的方式等（还包含一些默认的内容）。用刚才的比喻来说，帐篷就相当于是政党的规则，而聚集在帐篷之下的人则可以算作政党的成员。只不过，同样是政党规则，如果把其他国家的政党比作一般建筑物，进门需要钥匙，内部也被划分成功能各异的多个房间，那么像帐篷一样的美国政党的规则则是进出皆自由，在内部的任何地方做任何事情都无所谓，形式极为宽松。

两大政党，两个帐篷——这本来是试图组织化的政治家自行设计的，但是随着时代的发展，对人们来说，它们已经成了既定的存在。进入20世纪以后，这一存在更进一步成为美国正式政治制度的一部分。其状况可以这么描述（可能与真正的帐篷形象有些出入），露营地搭了两个巨大的帐篷，因为大多数露营者都在里面生活，于是露营地开始对两个帐篷进行维护和管理，结果这些帐篷的使用方法也就被加进了整个露营地的规则当中。

美国的两大政党在组织构成方面彼此很相似，这是因为历史上它们就是互相参考着发展起来的。不仅如此，它们现在也是通过共通的规则进行组织管理的。

另外，美国具有这样特征的只有两大政党。时至今日，虽然美国也有绿党和自由党这些第三党登场，但是只要没有特殊情况，它们几乎没有在选举中获得胜利的可能性。

与两大政党的相似性形成对照的是，第三党不仅与二者规模不同，其法律地位也不同。后面我们会看到，新党必须要满足一定的必要条件，比如事先收集签名等，才可以推出选举候选人。但是在美国这个露营地搭建其他帐篷，即成立第三党并发挥出影响力已经变得非常困难。鉴于这种差异，本书以下所称美国政党指的就是两大政党。

不具统一性且内外界线不明的政党

两大政党在全国各自被当作具有整体性的政党。但是，就像州在美国联邦制的政治架构中具有非常重要的地位一样，各政党的组织实体也都在各州。

尽管有由各州党组织代表组成的全国层级的组织，即全国政党委员会，但它的作用仅限于对政党整体方针的收集整理。各州政党组织的最高机构是州政党委员会，而全国政党委员会与各州政党委员会之间并不存在指挥和命令关系。另外设置在每个郡（县）和市镇等地方行政单位中的政党委员会也大多独立于州政党委员会自主活动。

也就是说，美国的政党虽说是全国性的政党，实际上却是诸多自主组织的联合体。比如明尼苏达州和北达科他州，由于民主党在20世纪中叶与农民政党合并，其正式名称中还保留有第三党的名字。党内也不存在相当于党首的、领导党全体的重要职位。美国政党无论在组织构成方面还是在约束力方面，都没有统一性，其存在形态完全就像个巨大的帐篷。

什么样的人算是美国政党的成员也是相当暧昧的。从根本上来说，并没有所谓的党员制度，即向政党缴纳党费即可以成为党员的制度。不过管理政党组织的人以及在政党中从事公务的人，如在政党中参加竞选的人，可以明确算是政党的一员。但是现在也出现了特朗普这种例子，他与特定政党并无关联，党内领导者既没有选择他也不认可他，但他依然可以在政党选举中胜出。这样的人实质上是很难说清他是否属于特定政党的。

另一方面，对于选民来说，他们从属于某个政党的意义也不明确。拥有支持政党的美国选民，将自己称呼为“民主党派的人”或者“共和党派的人”，日本媒体分别将其译为“民主党员”和“共和党员”。但是既然没有党员制度，那他们就不能算作政党的一员，而只是政党拥护者而已。

不过，他们当中有很多人对支持政党抱有强烈的认同感。实际上，关于支持政党的舆论调查问卷中几乎都会问到人们对哪个政党更加具有认同感的问题。如下文所述，他们还可以通过在预备选举中投票的形式参与党的决策。因此也很难说他们只是单纯的拥护者。过去的美国政治学倾向于将拥护者也作为政党的一员进行分析，也是基于这些事由。

在下文的叙述中，我会根据政治学的标准将由精英组成的政党组织与拥护者相区分。但是在美国，无论是精英还是选民，他们属于哪一个政党，是根据他们本人认为自己更接近两大政党的哪个阵营而决定的。也就是说，政党的成员可被视为聚集在巨大的帐篷下出入自由的一群人的总和。美国政党政治的特征在于，这两个帐篷已经覆盖到政治的方方面面，这在今天已经成为正式制度。

实际上，从 20 世纪下半叶开始，我们同样能够在欧洲等地看到主要政党已经成为正式制度的一部分和政党内外界线模糊这些特征。如日本在 1995 年开始执行《政党助成法》，从这部法律也可以看出日本同样产生了将政党正式制度化的趋势。但是在美国，这些情况只限于两大政党，而且是经过长时间巩固下来的，这一特点格外突出。

下文中，这一事实将在选举和政策形成过程中得到证实。我将着眼于 20 世纪 70 年代以后联邦层级的政治状况，通过对基本政治制度的解释来分析这一状况。这样，各位读者可能就不会再将美国的政党政治简单理解为两大政党的全面对决，而明白它其实是具有弹性构造的两大政党对整个政治的渗透。

选举与政党

在民主政治当中，政党首先是选举组织。美国政党内部拥有一个共同的目的，即在选举中获胜。但因为无论是在组织的统一性方面还是在约束力方面都比较宽松，所以政党并不会以统一的形式展开活动。

构成美国选举制度基础的是小选区制，即在每个选区确立候选人并举行投票，只有得票最多的人可以当选。一般认为，小选区制比较容易导致两党制。这种现象又被称为迪韦尔热定律（Duverger's Law）。特别是在美国，政党非常重视在全国选举中争夺总统之位，因此地方性政党很难登上政治舞台。

联邦层级的选举现在是在偶数年的11月上旬进行，要选举的是国会议员和正副总统。因为没有议会解散制度，所以即使出现总统辞职等情况造成席位空缺，也会通过副总统晋升等形式来填补空位，总统选举的日程不会改变。

美国国会分为参议院和众议院。参议院议员任期六年，由各州各选出两名，名额与人口规模无关。因为美国目前一共有五十个州，因此全国总共有一百个议席。每两年其中的三分之一会进行改选，任期相应发生改变。选区是整个州，同一个州的两个议席会在不同的年份进行改选。众议员的任期是两年，现有的四百三十五个议席每次都要进行改选。根据每十年一次的人口普查，各州按照人口比例，基本都可以分到一个以上的议席。除了只有一个议席的州，每个州都会被划分为多个选区举行选举。

图表0-1　美国宪法上的三权分立

	立法权国会	行政权总统	司法权联邦最高法院等法院
组织结构	由参议院和众议院组成 参议院议员：现100名，任期6年 众议院议员：现435名，任期2年	任期4年（现最多2期） （总统独立拥有行政权。总统府、内阁等有辅佐职责）	最高法院现由9名人员构成（判决由过半赞成数决定） 另外还有13处上诉法院和大量地方法院

续 表

	立法权国会	行政权总统	司法权联邦最高法院等法院
主要职责	通过立法制定政策，监督法律的执行	监督法律的执行 外交事务 任美军最高司令长官	执行通过判决的法律
宪法规定的主要权力	拥有联邦政府大多数的权力，如征税、宣战等 对行政官员、法官等进行人事上的批准（参议院） 批准条约（参议院），需 2/3 特别多数赞成 提议进行宪法修正，需两院的 2/3 赞成 弹劾联邦公务员（众议院过半数赞成后由参议院审理，2/3 赞成可更换）	进行外交、缔结条约 召集国会 行使立法否决权（需两院 2/3 以上同意） 行政官员、法官的提名权和任命权 将州防卫军编入联邦军 （副总统兼任参议院议长，在赞成否定数相等的情况下可投票表决）	审查政府活动是否合宪（司法审查权，1803 年由最高法院判决确立） 主持对总统的弹劾审判（最高法院首席法官） 法官无调动、任期不受限

正副总统的任期是四年，第二次世界大战之后，总统任期被限定为最多两届。总统选举在每个可以被四整除的年份进行。与其他公职不同，总统选举是间接选举，各州和首都华盛顿（哥伦比亚特区）被分配的总统选举人会分别对正副总统候选人进行投票，获得过半数票的候选人即当选。各州总统选举人的数量等同于该州国会议员的总数。1946 年总统选举之后，首都华盛顿也分到了三个名额，尽管华盛顿是不能向国会输送议员的。

如今，11 月的选民投票（即普选）会选出各州（及首都华盛顿）的选举人，而这决定了总统选举的趋势。由各个政党确定支持本党正副总统候选人的总统选举人候选人，因此选民在投票的时候不会意识到选举人的存在，而将票投给自己支持的正副总统候选人的组合。

除去一部分州，在某个州的普选中获得最多数票的候选人会获得该州所分配选举人的所有选票。也就是说，如果以州为单位来看，总统选举也是一种接近小选区制的制度。总统候选人要绞尽脑汁，考虑争取哪些州的组合才能确保获得全国过半数的选举人票（现在是全部五百三十八人中的二百七十人）。

州长和州议会议员、市长等州、地方层级的公职选举，尽管任期和选举的实施时间各不相同，但基本都是以小选区制执行。多数州一层级的法院法官也是通过选举选出的，一般来说候选人都有其所属的政党。选举的时候，有些州的法官候选人的所属政党是明确的，有些州则不能明确。但即使是后者这种情况，实际上候选人的党派也有很多是已知的。从这一点上来说，美国的政党已经广泛渗透进政治整体当中。

直接预选制度

但是在今天的美国，不管是联邦还是州，几乎在所有公职选举当中，即便是现职人员，在正式选举（总统的话就是普选）竞争之前必须先在其他选举中获胜。这就是直接预备选举（以下称预选）。

这种选举一般是在党内候选人间进行竞争，为了选出各党中唯一一名正式候选人。虽然这是一种决定党内事务的选举，但也是各州运营的正式选举，其实施方式也是各州的法令所规定的（也有例外的情况）。不过，当有实力的在职者准备再次进行选举的时候，多数情况下不会出现与之对立的候选人，因此预选也就不会进行。一般来说，预选的投票率非常低，在总统选举的预选当中，有很多州的投票率现在也就能达到三成的程度。即便如此，预选的存在有两个重要的意义。

图表 0-2　美国选举架构

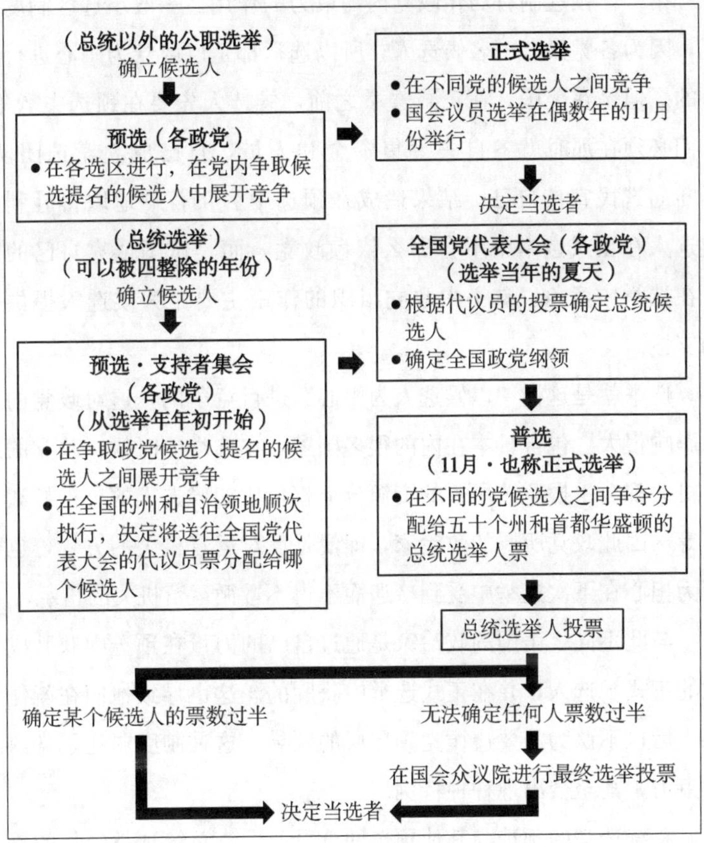

附注：预选时，各个候选人自行组建竞选团队进行竞争。当一些比较有实力的现职人员决定再次参加选举的时候，因没有出现与其竞争的候选人而不进行预选的情况也不少。

来源：本书作者制作。

第一，如果拥有对应某个公职的被选举权，那么只要遵循规定的程序，如收集签名等，则谁都可以参加某个党的预选。特朗普虽然被共和党的政治家所诟病，但是依然能够成为总统候选人，也是拜此预选制度所赐。

第二，预选制有弱化政党内约束力的作用。一般小选区制度之下，因为各党只有一名候选人，所以选举都是以政党为中心进行竞争的。但是在美国，在正式选举之前，候选人先要在预选中竞争，他们必须在那时就各自去筹集资金和人员，自己成立竞选团队，不断向选民宣传自己。结果造成在预选中名正言顺地取得胜利的候选人在正式选举中不会那么依赖政党，而是试图依靠自己的力量在选举中竞争。选举中政党组织的作用主要是为候选人提供后勤支援。

选举就是这样“以候选人为中心”进行竞争的，这对政党的性格影响很大。包含日本在内的很多国家，在选举的时候，政党的运营机关都会手握竞选所需的资源分配权，比如候选人的公推权和资金等。因此政党所属的政治家，即便是反对运营机关的方针，也会因为担心在下次选举中受到冷遇而不得不遵循运营机关的指示。

与此不同，美国的政治家是通过自己的力量在预选中获胜成为党的正式候选人，并在正式选举中获胜的。这也导致他们在就任公职之后也不认为需要遵循党领导层的领导。这种制度弱化了党内的约束力，甚至会出现种种特例。

总统选举的预选与其他预选的分量不同。总统选举当年的夏天会举办全国党代表大会，由各州和各自治领地等的党组织派遣的代议员进行投票选举，获得过半数者就会成为总统候选人。在此之前在各州和各自治领地等依次进行的预选首先决定这些代议员在全国党代表大会上对哪位总统候选人（确切地说应该是总统候选人的候选人）进行投票（各地域代议员人数的分配，以及如何将各地预选的结果反映在代议员票上，由政党决定）。艾奥瓦州等大约两成左右的州不进行预选，而是通过各地召开的党支持者集会（又称党团会议［caucus］，美国政治中其他各种团体的例会也会采用这一称呼）来决定候选人之间的代议员票数分配的。

一般在所有的预选和党团会议结束之前，某位候选人就能获得足以获得提名的代议员票数，不必等全国党代表大会就能在实质上确定总统候选人。但是在全国党代表大会上，除了各地党组织派来的代议员之外，国会议员和州长等党领导者们也会自动作为代议员参加。他们一般被称为“超级代议员”，可以按照自己的判断等决定为哪个总统候选人投票。因此，正如 2008 年的民主党那样，巴拉克·奥巴马和希拉里·克林顿为争夺候选人提名展开了激烈的竞争，对候选人的决定只能留待全国党代表大会解决，这种情况下，“超级代议员”的票数会左右候选人提名的方向。

全国党代表大会不仅会决定总统候选人，还会通过全国政党纲领。美国的两大政党内部并没有确定政党目的的永久性纲领。全国政党纲领是汇总政党全体政策方针的唯一文件。但是考虑到党内各种势力的立场，纲领有很多内容是模棱两可的，所以即便候选人取得选举胜利也并不会受到纲领的约束。另外近几年，总统候选人的意向会对纲领内容产生极大影响。各种各样的公职候选人都是“以候选人为中心”进行竞选的，不会受到纲领的限制。

国会——最大权力机关

如上所述，即便有赢得大选这一共同目的，美国政党在选举中也不会按照统一的方针行动，也没有在全党层面追求实现的政策方针。党内的各个组织和政治家都是根据各自的动机行动。政策形成过程也是一样的。

在美国的联邦政府当中，拥有最大权力的机关是国会（在本书以下单独提起议会时均指国会）。美国宪法从一开始就规定了国会拥有联邦政府被赋予的几乎所有权力。比如，征税和宣战的权力也归议会所有。如想出台重要政策，必须要经议会立法。

虽然国会分为众议院和参议院，但是事关立法之时，两者基本是对等的，同一内容的法案获得各院过半数的支持就可以通过，总统签名之后就会作为法律生效。不过总统对法案持有否决权，一旦行使否决权，两院如果还是想通过该法案使之成为法律条文，则必须在两院分别获得三分之二以上特别多数的赞同才能再次通过同一法案，这是相当困难的。

另外，虽然国会可以提议对宪法进行修改（在日本称作修宪），但同样也需要两院三分之二特别多数的赞成。提议之后，有四分之三的州批准通过，修正案才能生效。进行宪法修正的时候，无需总统签名。

只有议员才能在议会中提出法案和决议案。虽然也有一些情况实质上是政府在起草法案，并由总统所属政党的议员代理提出，但是这种情况并不多见。

在各个议院，不同的政策方向设置有数量众多的委员会，各个委员会内部另设有不同方向的小组委员会。如图表 0－3 所示，提交的法案首先会委托给处理相关政策的院内委员会，在那里进行实质性的审议。在法案送交正式会议之前，必须要获得委员会过半数的支持。经过正式会议的审议之后，议员对法案进行表决。获得过

图表 0－3　国会的立法过程

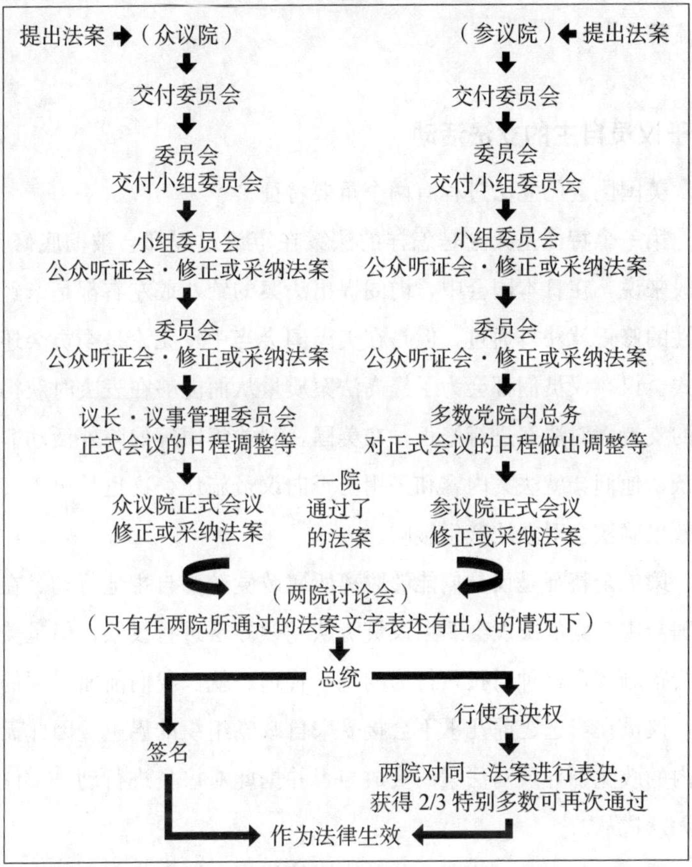

附注：1）这是典型的现代立法过程的简略图示。

2）多半法案不会进入委员会讨论而成为废案。在此之后的各个阶段的表决中，如果不能获得过半数的支持也将成为废案。

3）在两年的议会期间未能通过的法案都会成为废案。

4）两院讨论会对法案进行调整之后，两院需再次表决。

来源：参考 Congressional Quarterly, *Congressional Quarterly's Guide to Congress*, 2nd ed.（Washiongton, DC: Congressional Quarterly, 1976），p. 345，本书作者制作。

半数的赞成之后，已通过的法案可以送交另一个议院，再去走同样的流程。

基于议员自主的立法活动

美国国会的立法过程有两个重要特征。

第一个特征是无论是怎样的法案在审议过程都会被彻底修正。一般来说，在日本国会中，内阁提出法案的约八成左右都是未经实质性的修正就获得通过，但是在美国国会当中，无论是委员会还是正式会议，议员们都会为了提高法案质量从而能够在表决时获得必要的支持而对法案进行修正。在美国，利益集团等的院外活动非常活跃，他们会就法案内容和采用与否向议员施压，这也是由于其施压效果确实会对立法产生影响。

第二个特征是议员们能够脱离所属政党较为自主地行动。在日本国会中，党的决议会约束议员听从党领导层进行投票，但是美国议会很难实现这种对投票行为的统一管理。就像我们前面看到的那样，议员在当选之前几乎不会接受来自政党组织的恩惠，因此无论院内的政党领导层对法案的赞成与否并据此对议员进行动员，议员都无须遵从。

因此，每次通过法案和各种决议等议案之际，都会在院内形成多数派。在表决的时候，同一政党内的议员中赞成和否定的意见出现分歧是再正常不过的事。在两大政党进一步极化的今天，各政党议员几乎很难团结一致进行投票。即便多数党相对统一，党内也会或多或少出现反对的情况，因此有必要获得少数党议员的支持。

比如，我们可以考虑一下共和党议员过半数和民主党议员过半数处于对立状态下投票的情形，也包含刚刚过半数反对的情形，这是一种最低水平的对立。这种情形被称为政党投票。观察特定年份参众议院正式会议当中政党投票在全体表决中所占的比率，会发现在 20 世纪下半叶，即使是因为政党的极化对立而导致政党对立最激烈的 1995 年，该比率大概也就是不到七成。美国议会当中政党约束力之弱在发达国家中也是极为突出的。

对于议会内部每个政党的议员群体，我们可以称其为“议会共和党”或者“参议院民主党”等。不过这并不意味着各自的集团经常聚集在一起行动。另外，我们还可以将支持特定内容和政策方针的政治家们统一称为“进步主义者”“自由派”等，但是除了在下面一章里我们会看到的最早的政党（联邦派和共和派）之外，他们并没有像日本政党派阀那样具有组织上的统一性。此外，在议会当中，还存在一些议员自己形成的各种团体，如共同拥有某种人种等属性、共同拥有某些政治关心等（这种也可以称为党团）。

议员们虽然不受所属政党约束，但也不能完全随心所欲地行动。今天的议员多半都以连任为目标，为此他们必须为了在预选和正式选举中胜出而争取当地选区选民的支持。因此无论是委员会还是正式会议，都必须首先考虑为那些支持选区和选举的利益集团做出贡献。

议会内政党的意义

如果不需要统一起来一起投票，那么议会内的政党组织意义何在呢？各个院内是有领导层的，它由每个政党通过党所属议员的投票选出的干部组成。其中，多数党的领导层对院内审议程序具有较大影响力，特别是众议院的多数党的党首会成为众议院议长。而且多数党会占据院内全部委员会的委员长之位。委员长在委员会的审议当中，在受理哪个法案之类的事务上拥有较大权力。

因此院内的多数党盘踞在正式会议和委员会之间，在相当程度上可以掌控审议程序。如前所述，政党领导层无法强制各个议员赞成或者反对法案。但是多数党的领导层拥有设定议事项的权力，所以他们会选择大概率能够获得政党所属议员多数支持的法案进行受理，而努力让其他法案成为废案，让立法向着有利于自身政党的方向发展。

在议会内部，多数党的领导层可以发挥一定的影响力。近几年，他们也开始起草一些重要法案。可以说议会内的政党功能类似于合作社，即为党所属议员的再次当选助攻，而这种助攻通常是以单个议员无法做到的形式进行的。

即便如此，各个议员依然会自主行动。而且，多数党领导层的议事设定能力也不是万能的。党所属议员并不是都支持同一法案，院内的少数派也很容易对议案的成立形成阻碍。

拥有否决权的总统所反对的法案，如果有一方议院的三分之一以上反对，就无法通过。另外在参议院正式会议当中，因为对议员审议时的发言时间不设限，所以冗长辩论（通过持续演讲来破坏议事进行的行为）就有可能对议事形成阻碍。要想解决这个问题就必须通过中止审议的动议，但在今天，这又必须获得五分之三（六十票）特别多数的赞成才可以。

这样一来，尽管政党在国会中具有极大的影响力，却未必是各党团结所致。同时出于以上原因，在国会当中决定事项会特别困难。近几年，在提交上来的法案中真正能够获得通过的数量微乎其微。即便考虑到议员个人也可以提出法案及两大政党因为极化严重而对立加深等问题，这一数字也是非常小了。

实际权力受限的美国总统

尽管国会拥有很大权力，但运行方式如此不灵活，其影响力必然大打折扣。实际上，美国政治中最受人瞩目的就是被称为“世界最大权力者”的总统了。但与日本首相等他国的政策执行责任人相比，美国总统的权力实际上是受到严格限制的。理由有二。

第一，总统几乎没有单独推行某项政策的具体权力。美国宪法虽然将总统定位为行政权的执行者，但是并没有明确这个行政权具体包含哪些内容。总统同时还是美军最高司令官，在外交上拥有巨大的裁量权。但是就内政来说，总统只拥有如对立法的否决权、对行政官员和法官提名和任命等一些重要却受限的权力，甚至无法提出法案。可以说美国总统在宪法所规定的权力方面，比大多数总统制国家总统所拥有的权力都小。

第二，美国总统在统治方面几乎无法依赖所属政党的帮助。在日本等议院内阁制的国家，首相大多是议会多数党的党首。一般来说议院内阁制的首相比起总统制总统有更大的权力，因为首相通常是受到议会多数派支持的。

与此相对，总统制国家中总统和议会是被分别选出的。总统的所属政党和议会的多数党如果是统一的，就被称为统一政府；如果是不同的，则被称为分裂政府。同为总统制，如果总统能够影响到议会内所属政党，特别是在统一政府的情况下，能发挥出更大的作用。

在美国，执政党的议员们会通过协助他们在选举中共命运的总统来获取立法成果。但是，总统也不过是所属政党中的一个选民而已，既没有向包括议会内政党在内的党内各个组织下达指示的权力，又因为党内组织性较弱，难以通过动员政治家而对其施加影响。即使是在统一政府之中，总统也未必能做到让同一政党的议员全都支持自己；反之，也不会因为是分裂政府，就绝对无法按照自己的意愿立法。

总统的权力行使

因为总统在所属政党里没有职务，所以总统所属的政党也很难对总统进行约束。直到今天，美国总统选举也是最“以候选人为中心”的选举。就任后的总统，特别是在其第一任期，会有意识地重视支持过自己的势力以谋求连任。这些势力中的大部分是总统所属政党的支持者。总统的目标是实现自己认为重要的政策课题，而非迎合政党。另外，虽然美国也有内阁的概念，但是内阁没有决定权，总统既可以召开内阁会议，也可以不开。

尽管总统缺少强有力的权力，但是他们有三大手段可用于发挥自己的影响力。

第一是对政策课题的设定。总统是美国政治中最引人注目的角色，他们通过演讲等途径让其他主体侧耳倾听，这也是一种强有力的权力。他们可以提出重要的政治议题和政策方案，强制议会优先探讨自己所重视的政策。

第二是对议会直接施压。无论是对国会这一机关，还是对每个议员，总统都无法采取强制措施。但是，总统可以进行谈判和说服，而且这实际上是有效果的。这种情况下，行使立法否决权作为谈判工具发挥了巨大的作用。即便法案通过，如果总统行使否决权使法案成为废案，也就没有任何意义，这也是议员在审议过程中会将总统的意向反映在法案中的原因。

第三是其作为法律执行责任人的作用。无论是宪法还是法律，在进行司法解释的时候一定有酌情处理的余地。总统会利用这一手段，以总统令等形式向行政部门发出指令，让其尽量以总统所希望的形式执行法律。有时也会通过这种手段在实质上制定新的政策。

这种情况下，能够对总统起到帮助作用是对联邦政府官职的人事任免权。直到今天，在美国占据行政机关高位（用日本的官职来打比方的话就是局长级以上职务）的并不是通过公务考试选拔流程逐步晋升的官员，而是政治任用官。总统有权对阁员等超过三千个职位进行人事任免。为了形成符合自己意愿的政策，他们不仅会考虑有能力的人员，还会安排一些对自己的政策有共同看法的人。在确定人选的时候，总统会格外重视候选人的所属政党。不过，一些较高政治职位的人员任用需要在总统提名之后获得国会参议院的同意，所以在这部分人员的人选上，必须选择不太容易受到反对的人物。

在司法中的情况也是如此。以美国最高法院为至高点的联邦司法部门拥有司法审查权，即判断法律及其他政府活动是否符合宪法的权力，是重要的政策形成机构。与日本不同，美国联邦层级的法官没有固定的人事变动和任期规定，可以自主地作出判决。所以总统在进行法官的人事提名时，会考虑尽量能让自己的政策方针获得司法方面支持的人选。

在司法体制一元制的美国，律师可能在其职业生涯当中被任命为法官。与行政人员的人事任免相同的是，法官作为法学家的能力、与总统的想法是否接近固然重要，但是更为重要的是候选人的支持政党或所属政党。联邦层级的法官一般会被看做是属于任命其的总统的政党的。特别是两大政党进一步极化的现在，我们可以看到民主党系和共和党系的法官所做出的判决内容中有着明显不同的倾向。

无法将各个机构联合起来的政党

如上所述，在美国的政治领域中，政党已经渗透了官僚制度和法院等政府机构，而在日本等国家，党派性质是被排斥在这类政府机构之外的。不过，美国政党在这些地方的作用极为特别。在很多民主主义国家的议会多数党都会让政党联合不同的政府机构协同合作使其运转，如组建内阁等。但是正如政治学家理查德·诺伊施塔特（Richard E. Neustadt）所说，美国的政党“并没有把宪法区分开的各个机构联合起来”。

美国的政党政治家都有各自的目标，如连任和实现自己所看重的政策，他们在行动的时候会为了优先实现这些目标而努力。在小选区制度前提下，这样比较容易在选举中获得胜利，政党组织也无法对其造成阻碍。因此在美国政治当中，无论是政府内还是政党内，都并不存在构成权力核心的主体，比如像日本首相那样可以总览政治全体，作出指示时其他主体都会服从的权力核心。美国的政党完全像是帐篷那样，只是宽松而广泛地覆盖了政治整体而已。

为什么美国会产生这样的政党呢？美国政治又是如何通过这些政党进行运转的呢？本书将在下文中讨论这些问题。

本书的构成

目前民主党和共和党的政党制度已经存在了一个半世纪以上了，可以说这一时间长度在世界范围内都非常少见。之所以会产生这样的政党制，是因为各个政党都具有弹性结构，且从某个时期开始，两大政党制成为国家正式制度的一部分。本书将从历史的角度讨论长期由两大政党（尽管两大政党的支持势力已经发生了巨大改变）构成的美国政党制度如何制度化的问题。

本书由以下部分构成。

第一章探讨的是从 18 世纪后半期美国建国开始到民主党登场的大约半个世纪的时期。作为民主政党政治发展最早的国家，美国在建国初期并不欢迎党派的存在，人们认为它会妨碍国民整体利益的实现，这一点可能会让读者感到意外。在这里我将会探讨两项内容，一是在美国出现得最早的政党制度，另一是它为以民主党为其中一角的两大政党制的正式登场作出了怎样的准备。

第二章探讨的是从 19 世纪 30 年代的民主党组织化开始到被称作“重建期”的 19 世纪 70 年代大概半个世纪的时间。所谓“重建期”指的是南北战争之后战后处置较为棘手的时期。这个时期形成了覆盖全国的两大政党制，其中的政党基本性质一直延续至今。同时，这个时期还是持续到 19 世纪末的政党统领政治全体的“政党时代”的开始。另外，19 世纪 50 年代共和党始建，从而形成延续至今的民主共和两大政党制。

第三章考察 19 世纪 60 年代南北战争之后到罗斯福新政时期（为应对从 1929 年开始的经济危机而采取措施的时期），大约七十年左右的时段。这个时期由于工业化和市场的全国化，经济发展的同时贫富差距扩大，种族以及民族的多种关系颇为紧张。我会将目光投向两大政党以及向两大政党发起挑战的第三党，探讨在社会现代化时期政党政治是如何处理这些问题的，一直讲述到经济危机之后以民主党作为多数派的政党制的诞生为止。

第四章主要考察二战之后到20世纪70年代。这一时期现代政治的基本特征基本定型，即联邦政府以总统掌握主导权的形式积极应对国内经济问题。民主党在当时是多数派，正是他们率先提出了基于自由主义的各种政策，其影响延续至今。20世纪60年代之后，反对民主党的势力集结到了共和党之中，形成保守派试图反攻，这也使得两大政党不断极化。

第五章主要探讨20世纪80年代开始到奥巴马执政期，也是以两大政党的意识形态极化为特征的时期。我会在介绍极化逐步扩大过程的基础上，阐明两种不同政治现象交织下产生的状况。这两种政治现象分别是因两大政党间的激烈对抗和政策过程的停滞加之极化从而引发的全国范围内两大政党势均力敌的对抗状态，和政策需要超过单纯过半数的特别多数赞成才能决定的政治制度。

最后一章将在回顾本书主体考察内容的基础上，展望特朗普政权以后的美国政党政治。

第一章

反政党的时代
——美国革命至19世纪20年代

1 党派对立的原点——围绕美国宪法的制定

脱离英国殖民地之后的美国建国

如今的美国民众已有一种普遍认识，即政党间的竞争就是政治应有的形态。在总统选举当年，学校里的社会科课程会进行模拟投票，这已经成为一种惯例。但是在18世纪后半期美国建国时期，情况则完全不同。当时占统治地位的思想是共和主义，依据共和主义的观点，包含政党在内的党派罔顾共同体全体利益，是带有私利私欲的集团，因而为众所避讳。

以美国宪法为核心的美国政治制度也是在这种思想基础上形成的，时至今日其主要内容几无改变。不过，美国在从英国独立之后整顿国家形式的过程中，有两个党派先后登场并且展开竞争。

法国和西班牙是从16世纪开始进入南北美洲大陆的。英国迟于这两个国家，于17世纪初在北美大陆正式开始殖民统治。到18世纪上半叶，英国已经在大西洋南北沿岸建立了十三块殖民地。这些殖民地都是由获得英国国王批准的领主和公司等设立，依照各自独立的方针进行管理。

在殖民地中，人们的信仰自由能够得到保障，所以有越来越多不同出身和文化背景的人移居而来。殖民地人民通过选举选出殖民地议会，并以议会为中心进行自治。参政权基本上是白人男性专属，虽然也有一些必要条件，如应拥有土地等，但要满足这类条件并不是很难。不过，尽管能够看出当时人们对年长者和有声望的人态度恭顺，但政治判断必须由个人独立作出的意识较为强烈，因此较难产生稳定的党派。

从英国本土到美国，中间夹着大西洋，间隔五千公里的距离。这些从欧洲来到这里的移民讴歌着新世界的自由氛围。但是进入18世纪之后，宗主国英国逐渐增强了干预的力度，出台了将殖民地改为国王直辖领地等政策。

1763年，英国在与法国的七年战争中获胜，确立了其在大西洋的霸权。英国本国议会以保卫殖民地为理由，未经同意开始对殖民地进行征税等，而这样的统治在殖民地人看来是颇为专制的。欧洲在经历了17世纪的大内乱（清教徒革命）和光荣革命之后确立了议会主权，人们的自由权利本应得到最大程度的尊重，英国却陷入专制之中，这种反弹也导致了从1775年开始的独立战争和次年《独立宣言》的诞生。

美国革命之后，十三个殖民地各自成为独立的国家（为了与之后联邦制下的州进行区别，我们将此时的这些国家称为“邦”），过渡为共和制，不再拥戴君主。这十三个邦依据1781年通过的条约即《邦联条例》成立了邦联（其名称与今天一致，都是“The United States of America”）。1783年，其与英国达成和平。

由各邦代表组成的联合议会虽然是邦联的核心，但是并不具备征税权和通商管制权等，欠缺平息各邦内外混乱的力量，因此重新修改邦联架构的呼声日益高涨。1787年5月，各邦代表者会议在宾夕法尼亚邦的费城召开。

独立战争时期的大陆军（殖民地军）总司令、集美国人的尊敬于一身的乔治·华盛顿当选议长。会议本打算讨论《邦联条例》的修正案，却很快将目标转变为起草打造新的联邦制国家的宪法。在此基础上，又经过一个夏天，逐步确定了联邦政府和联邦制的基本制度框架。

联邦政府被赋予了征税、外交、管理跨州经济活动等权力，会议对这一前提条件下的联邦政府的各项条目进行研究，包括两院制的国会、总统，以及以美国最高法院为最高领导的司法系统的三权及其选举方式，另外还有联邦和州的关系等。这一会议因此被称为制宪会议。

制宪会议的对立局面

在制宪会议中，大规模的邦和小规模的邦、有奴隶制的邦和没有奴隶制的邦之间产生了各种各样的矛盾。其中，在关于包含联邦政府作用在内的新国家的存在方式这一点上，有两种观点产生的冲突具有重要意义。

一种观点是将联邦政府置于新国家的中心位置，在不破坏各州自主性的前提下尽可能让各州发挥大的作用。当时的美国位于欧洲世界的边缘，不仅在军事实力和经济实力上不及其他列强，同时还陷于英国和西班牙殖民地的包夹之中。他们认为，美国要想继续在这一环境下长期存在并与欧洲列强并驾齐驱，联邦政府就必须统率全国，推行振兴工商业等提高国力的政策。

这一想法的提出基于以下思想：联邦政府应该是强大的，需要被赋予与单一国家的中央政府同样强大的权力。制宪会议所讨论的主要草案中有一份是由弗吉尼亚邦的詹姆斯·麦迪逊（James Madison）起草的《弗吉尼亚方案》，里面甚至写入了国会对各州议会立法的否决权。这些想要赋予联邦政府更大职责的人自称联邦派（联邦主义者），旨在推进各州趋向联邦的统合。

美国制宪会议《签署联邦宪法》霍华德·克里斯蒂（Howard Chandler Christy）作品，1940年

另外一种观点认为应重视州及其以下层级的地方政治，尽可能抑制联邦政府的权力，其思想基础是对规模较大的共和制国家的怀疑。这种观点认为，自古以来，公民进行自治的共和制（民主制）最好是在共同体内具有认同感的或者是在利害关系上具有同质性的城市型国家内运行，规模越小，越容易维持。

在持这种立场的人看来，即便是各个邦，作为共和制国家来说也已经过于庞大了，更何况是离国民非常遥远的联邦政府。他们认为如果给予联邦政府巨大的权力，政府极有可能会陷入无视人们利益的专制当中。他们主张在与欧洲列强竞争之前应首先重视共和制的存续问题，尽可能多地保留州以下政府的权力。

这两种关于联邦政府作用的对照鲜明的观点都是基于美国应走

路线的重要问题意识形成的。不过，两者的不同也与邦的利弊得失相捆绑。强势的联邦派大多来自如纽约和弗吉尼亚等这种大规模的邦，联邦政府即便成为政治中心，这些邦亦可发挥其影响力。与此相对，反对派则多为小邦代表，这些邦在联邦政府成为政治中心之后很有可能会无法发声。

制宪会议的参加者一致认可联合议会作为邦联条约下的决策机构的地位，但无论其作为政府的组织架构还是其所拥有的权力，都存在欠缺。对于联邦政府应该发挥多大作用这一点，大家的想法则不尽相同。因为多种利害关系和理念的交织，两者的对立日渐尖锐。

围绕《联邦宪法》草案的批准出现的对立

联邦派将反对自己的派别称为反联邦派，试图给其戴上反对创设联邦的帽子。在宪法被批准通过之后，联邦派和其反对派之间的对立延续到了联邦政府内部，发展成为美国最初的党派对立。

因为多种理念和利害关系错综复杂，起草的《联邦宪法》文本其实是各种想法妥协之后的产物，而非基于某种特定而连贯的想法。不过，讨论是由联邦派的麦迪逊所主导的，显而易见，总体上实现的是联邦派所重视的强势联邦政府。反对派当中甚至出现了拒绝在宪法草案上签名的代议员。

制宪会议于 1787 年 9 月结束，而联邦派和反对派的对立在此之后波及了各邦。与《邦联条例》不同，在《联邦宪法》的框架下，联邦政府代表的不是各邦，而是作为主权者的国民，因此决定宪法是否能够获得批准的也不是各邦政府，而是国民。很多邦都召开了由选举选出的代议员所组成的宪法批准会议，讨论《联邦宪法》的妥当性。此时再次出现了制宪会议中出现过的对立局面。

与《邦联条例》需要得到十三个邦批准不同，《联邦宪法》草案只要有九个邦同意，就可以在获得批准的九个邦之间生效。这一规定基于以下两个理由：第一，防止因少数邦的拒绝批准导致《联邦宪法》通过受阻；第二，一旦联邦成立，剩余的少数邦会因为担心受到排挤而加入联邦。各邦批准会议召开之际，宪法推进派的课题是尽可能说服那些怀疑的人，告知他们即便联邦政府被赋予较大权力，也不会陷入专制当中。

在为了批准宪法而举办的会议当中，联邦派受到来自反对派势力以及其他势力的批评，其中批评最为强烈的一点是《联邦宪法》草案中不包含权利法案。当时各邦的宪法，都会列举出政府应保障人们的权利，如信仰自由和表达自由等，这些规定通常被称为权利法案。有一些规定甚至会被置于议会等政治制度规定之前。

《联邦宪法》草案中没有加入权利法案是出于联邦派的判断。他们的理由是，因为联邦政府通常来说只具有《联邦宪法》中具体列举出的权力，因此设置权利法案不仅没有必要，甚至在设置了之后还有可能会招致误解，认为政府可以行使未被禁止的权力。但是这样一来就出现了大量批判的声音，认为宪法对权利的保障不够充分。

结果，一些邦提出条件，必须加上权利法案才会对宪法进行批准，而且提出这一条件的邦不断增加，因此在宪法通过之后追加权利法案成为既定方针。权利法案在1789年开始的最早的国会上作为宪法修正案被提出，内容包括表达自由和州的权利保障等，后来有十个条款获得通过。

人们强烈担心的还是联邦政府会逐渐不顾国民的利益而进行专

制统治。因为在此之前，共和制还从未在国家这么庞大的规模下试行过，同时它也被认为是很容易受到政治家煽动的政治体制，人们的担心也不是没有道理的。

共和制和政党政治的紧张关系

美国革命的思想基础是与自由主义并列的共和主义。共和制之所以会被认为不够牢固，是因为大家普遍认为在共和主义的前提下政治的目的是共同善，也就是实现共同体全体利益。但是在公民自治的前提下实现共同善，存在有两个困难。

第一个是统治者可能会摒弃共同善，以满足私欲为目的进行专制统治。

第二个是共同善只有一个，一般认为只有理性和德行兼备的人才能掌握其内容，但是要求公民全体都具备高度的才智非常困难。

《联邦宪法》的起草者们也意识到了这些问题。《联邦宪法》规定，尽管众议院议员是民选的，但是参议院议员和总统均是通过间接选举选出的。这是因为人们期待由被人们选拔出的更优秀的人进行选举会容易选出能够发现共同善的人物。联邦政府将权力分成对等的三权，其中一个原因也是考虑到即便一方出现了自私自利的势力，它也很难控制住整个政府。

但是，不管怎样在联邦政府的构成和选举方式上花费功夫，也很难保证实现联邦全体的共同善。围绕宪法的存在方式已经产生了党派对立，这本身与共同善的想法就是矛盾的。因为既然共同善只有一个，当有多个党派出现的情况下，肯定有部分政党或者所有政党的出发点都不是共同善而是自私自利。也就是说，在共和主义的前提下，根本无法想象多个政党共存的政治。这个时期，从殖民地时代开始的、认为政治应该由每个人独立思考的观念依然根深蒂固。

那么，在采用了《联邦宪法》之后，还有维持共和制的余地吗？主导了制宪会议的麦迪逊为这个问题给出了简洁明了的答案。

2　党派政治的启动——联邦派和共和派的斗争

政党政治和共和制共存的可能性

纽约是在《联邦宪法》草案批准过程中最受瞩目的邦。因为它不仅拥有北美经济中心纽约市，其中反对联邦派的反对派也具有很大势力。

联邦派代表人物、纽约邦派遣出席制宪会议的亚历山大·汉密尔顿（Alexander Hamilton）与麦迪逊，以及之后成为最高法院第一代首席法官的约翰·杰伊（John Jay）一起，将他们的评论在报纸上进行了连载，评论主要论述了为何采纳《联邦宪法》是最理想的。他们以“普布利乌斯”（Publius）为笔名，从 1787 年 10 月开始共连载了七十七回，后来这部分连载另外加上八个演讲，在第二年即 1788 年以《联邦党人文集》为名作为书籍公开发行。

这并不仅仅是一本歌颂《联邦宪法》的书，首先它是一部理论性的论文集。该书依据自古以来的政治理论和独立之后各邦的经验，论述了《联邦宪法》的优势。这本书到今天依然被视为西方政治思想的经典作品，在美国宪法需要解释的时候被频繁参考。

《联邦党人文集》最为人所熟知的内容是据说为麦迪逊执笔的连载第十回的评论。他拥护《联邦宪法》是从与之前的常识相反的角度出发的，提出即便是从共和主义的角度考虑，覆盖广大区域的代议制民主主义也比小规模的直接民主政治更为理想。

按照麦迪逊的说法，虽然大家并不希望“与其他公民的权利和共同体长久性的、群体性的利益相对立”的党派存在，但是组织这样的党派是人类本性的一部分，在自由的社会当中，其出现是不可避免的。他论述道，历史上很多民主政权因为多数派党派的专横而瓦解，从这一点来说，最为关键的是要遏制党派的影响力。他同时主张，如果实施的是基于《联邦宪法》的大规模的代议制，则特定的党派是很难在全国发展并掌握联邦和州的所有政府机构的，这反而有利于政治稳定。

在麦迪逊的思考当中，如果让几个党派互相竞争，就可以将坏的影响彼此抵消，共和制也能够较为容易地存续下去。麦迪逊提出的政治观点被评价为与现代多元主义的思考方式相通。所谓现代多元主义的思考方式指的是如果能够让代表了多种利害关系的多个集团在共通的公平规则下进行竞争，无论其结果如何，人们都能够认可其正当性并加以接受。

麦迪逊在思想史上的功绩十分巨大。他用理论展示了在《联邦宪法》前提下党派间竞争与共和制共存的可能性。不过，麦迪逊的讨论是在共和主义的框架内展开的，他并没有积极地接受党派的存在，只是将其看作必要之恶。实际上，联邦派和反对派之间的不和一直持续着。

J. 麦迪逊

但是，联邦派在大半的邦中是占据优势的，同时他们在追加权利法案的条件上作出了妥协，因此《联邦宪法》的批准得以不断推进。

1788 年 6 月，新罕布什尔成为完成批准的第九个邦，《联邦宪法》最终获得通过。这样一来，美国的体制从由独立的各邦组成的邦联转化为联邦和各州分享国民所拥有主权的联邦国家。

联邦派和共和派走向对立

《联邦宪法》通过之后，各州依次进行了总统选举人和国会议员的选举。在此基础上，约翰·华盛顿获得选举人满票，与外界猜想一致，毫无悬念地当选总统。1789 年 3 月 4 日，联邦政府在临时首都纽约市成立，华盛顿也在 4 月 30 日就任总统。

华盛顿虽然不参与任何一个党派，但是从政策上来说与联邦派更有共鸣。他以增强国力为目标，为了构建新体制的财政基础，任命独立战争时的重要副手汉密尔顿为财政部长。国会也是如此，一开始就是联邦派占据了多数，但是华盛顿为了让各党派间关系融洽，让同为弗吉尼亚出身的反对派领导人托马斯·杰弗逊担任了主要掌管外交事务的国务卿。

A. 汉密尔顿

T. 杰弗逊

然而，华盛顿这种试图让两党派和解的计划落空了。双方势力都认为对方会瓦解共和制，因此根本无法接受彼此的存在。这一时期联邦政府的面貌已经发生了改变，最初的参众两院加起来不到百名国会议员，建国元勋占据大部分要职，而今却变为精英们争夺华盛顿支持的“宫廷政治”。党派对立与个人对立叠加在一起，联邦政府内的政治气氛变得十分险恶。

以杰弗逊为中心的势力凝聚力逐渐增强，被称为民主共和派（Democratic-Republicans）或是共和派。1790 年首都移至费城，两个党派分别发行了阐述各自主张的报纸，展开论战。

两个党派在全国的势力范围分布如下：联邦派的主要势力在商业化较为发达的东北部，而共和派则在以种植业为中心的南部各州，同时二者共享纽约州和宾夕法尼亚州等大西洋沿岸的中部地区。连议员在国会的投票行动也逐渐出现了党派差异。

但是，这些党派的领导者都更重视政治上的个人主义，对党派的存在感到厌恶。1789 年，杰弗逊在一封信中阐述道：“若说只能与政党（party）共存，那吾已无去天堂之愿。”联邦派亦是如此。

这次持续到 19 世纪初的联邦派与共和派的对立被称为第一次政党制。但一般认为，两党派如此忌讳党派本身，因此我们今天很难将其称为正式意义上的政党制。本书也是基于这个立场，使用了联邦“派”、共和“派”这样的表达。

联邦派政权下的党派对立

身为财政部长的汉密尔顿推行了一些能积极利用联邦政府发展美国经济的政策，如成立（第一）合众国银行作为中央银行等。共和派指责了这一做法，认为这些政策表明联邦政府背离了其宪法上的权限。

这一时期的党派对立也导致了外交上的对立。联邦派重视经济发展，希望加强与英国的合作，因为英国贸易额巨大，此时已经开始了工业革命。与此相对，共和派比较重视强化与法国以及其他同为共和制国家的关系，此时的法国刚刚经历过革命。2015 年初上演的热门百老汇音乐剧《汉密尔顿》也曾描述过这一时期以汉密尔顿和杰弗逊为中心的党派对立。

华盛顿于 1792 年再度获得选举人满票从而连任总统。杰弗逊作为政权一员，对于联邦派的政策方针并没有表示公开的反对。但是，最终他还是没能坚持下去，为了自由地进行政治活动，于 1793 年末辞去了国务卿职务。

1796 年，已经决定在第二任期结束后卸任的华盛顿在面向国民的“告别演讲”中指出党派对立威胁着共和制，希望党派之间能够友好相处。他指出这种状况有被其他国家利用的危险，特别是担心当时处于战争状态的英国和法国会分裂美国。但是，他的这一忠告并没有被人接纳。

同年进行的总统选举首次出现了多个党派竞争的情况。但是，因为《联邦宪法》起草的时候并没有设想到政党的存在，这带来了意外的结果。当时的规定中没有区分正副总统选举，总统选举人每个人有两票，分别投给不同的候选人，得最多票者为总统，次之则为副总统。选举结果是华盛顿政权的副总统、联邦派的约翰·亚当斯（John Adams）成为总统，共和派的杰弗逊成为副总统，由此诞生了一个吴越同舟的政权。

成为副总统的杰弗逊与他在担当国务卿时期一样，对政权的批评非常谨慎。不过，失去了华盛顿这样一个从中斡旋的角色之后，两党派的关系还是进一步恶化了。

围绕1798年的《处置外侨与煽动叛乱法》出现的对立是两党派关系恶化达到顶峰的表现。亲近英国的联邦派认为法国人和国内的亲法派在美国进行了反英、亲法的煽动活动，因此采取了一系列的立法活动，强制驱逐了威胁国内秩序的外国人，并管制批评政府的言行。对于这些举措，越来越多的人批判其是对人权的侵害。

麦迪逊因为反对杰弗逊和汉密尔顿的经济政策，已经转向了共和派。他制作了匿名的抗议文件，认为《处置外侨与煽动叛乱法》蔑视州的权力，是违反宪法的。这些抗议在共和派势力较强的肯塔基州和弗吉尼亚州的议会作为决议获得通过，成为热门议题，两党派的对决形势日益明朗。

“1800年革命”——政权转向共和派

1800年的总统选举中党派之间的紧张状态达到了顶点。在此之前，共和派的组织化不断发展，很多亲共和派的报纸开始发行。同一时期，联邦派实施了《处置外侨与煽动叛乱法》等粗暴举措，又因对法战争而进行了增税和扩军，这些都受到批评。在这一背景下，人们确切地认为共和派会成为多数党派。

在这次选举当中，两党派再次分别拥立亚当斯和杰弗逊，投票结果与四年前一样出现了意想不到的状况。杰弗逊和共和派副总统候选人阿伦·伯尔（Aaron Burr）同为第一位。根据宪法规定，应由国会众议院当中各州议员团各投一票来进行投票表决。但是在改选之前的众议院，联邦派是多数派，这一点造成颇为讽刺的局面，从两个共和派候选人中选出下一任总统的任务交给了联邦派进行。

众议院当中，联邦派之间的意见也产生了分歧，投票举行了三十六次之多。最终，汉密尔顿以“相对不太危险的人物”为由推举了杰弗逊。1801年2月，杰弗逊当选为总统，伯尔为副总统。

对于美国史上这一最早的政权更迭，杰弗逊评价其为“1800年革命”。能够在党派存在没有被完全承认的状况下实现政权的和平更迭，从政治体制的稳定化和党派对立的制度化这两个方面而言具有不可估量的意义。

1804年《联邦宪法》通过了第十二修正案，吸取了上次总统选举混乱场面的教训，规定总统和副总统应分别选出。这一事例也是党派对立首次以写入宪法的形式正式制度化。

临近政权更迭期限，亚当斯为了能够尽可能延续联邦派的影响力，在其作为总统的最后一晚还将没有任期限制的法官一职委于联邦派。而杰弗逊则在首都移至华盛顿后的第二年即1801年3月首次进行的总统就任演讲中说道：“我们都是共和派。我们都是联邦派。”他以这样的论调来呼吁党派间的和解（不过也有解释说，他当时说的是“我们都是共和主义者，我们都是联邦主义者”）。但是，他就任之后的主要官职还是由共和派的人才担任。

联邦派的没落

不过，美国并没有因为这一政权更迭就产生了具有竞争性的两大政党制。在此之后，沦落为少数派的联邦派逐渐衰落。

此次革命之后，国民的平等意识高涨，对于一些非民主性制度的反对日益强烈，比如因信仰和财产导致的投票权限制，以及由州议会选出总统选举人等制度。因此，在费城和纽约等城市中出现了旨在推进民主化进程的民主共和协会，集结了很多会员。

在这种氛围中，人们将联邦政府主导的、谋求经济振兴的联邦派视为重视财政界精英而罔顾公民的势力。特别是《处置外侨与煽动叛乱法》被认为是专制的政策，它封闭了人们提出异议的途径。另外联邦派又遭遇不幸。1804 年，汉密尔顿发表了中伤多年政敌阿伦·伯尔的言论后，两人进行了决斗，只有四十多岁的汉密尔顿死亡。联邦派就此失去其支柱。

政治家们也放弃了走向下坡路的联邦派。约翰·亚当斯的儿子约翰·昆西·亚当斯（John Quincy Adams）在 1807 年转为共和派，这也象征了联邦派的没落。

共和派路线的转变更让联邦派的没落雪上加霜。杰弗逊政权以后，共和派的总统和国会一改往日重视州、地方政府的姿态，开始允许一些联邦政府发挥更大作用的政策。

其中具有代表性的事件是 1803 年从法国手中购入路易斯安那（包括现在的路易斯安那州在内，西北至与加拿大交界地区一带）。这样一来，美国领土几乎实现了倍增，法国的威胁也削弱了。不过，主导此事的杰弗逊也受到了来自共和派内部的反对，因为他们认为杰弗逊作为总统并没有这个权力。

自此之后，共和派为了美国经济的发展，比以往更加积极地利用联邦政府。在各州进行运河和干线道路等公共基础设施建设（亦称内陆开发）时，共和派不仅给予赞助基金，联邦军的工兵队甚至直接参与实际的施工。合众国银行在设置之初曾遭到杰弗逊和麦迪逊反对，其许可证在 1811 年失效继而被废除，但是到了之后的 1816 年，第二合众国银行获得了共和派的广泛支持而创立，开始承担起中央银行的角色，虽然当时的司法部门依然是联邦派政权任命的法官占据多数，但讽刺的是，这一连串的政策居然都被判定为合宪。1812 年因为海上纷争而发生的对英战争则是使联邦派没落的决定性事件。

鉴于战争对经济所造成的恶劣影响，联邦派中势力较为强大的东北部各州代表在康涅狄格州的哈特福德召开会议，于 1815 年 1 月通过决议，要求尽早停战，并暗示要从联邦当中脱离出来。但是在此前一年年末，联邦派早已在比利时的根特缔结了议和条约，联邦派也因为其背叛者的做派而导致评价进一步下滑。

结果 1816 年成为联邦派获得选举人票的最后一次总统选举。美国最早的真正意义上的党派对立随着初期多数党派的衰退而渐渐消失。

3 共和派的一党统治——“和睦时期”的内部对立

最早的第一次政党制

进入19世纪之后，联邦派在全国范围内都已不再是共和派的对手，共和派一直独占总统和国会多数派的地位，直到19世纪20年代中叶。尤其是杰弗逊、麦迪逊，以及詹姆斯·门罗（James Monroe）等多位总统都出生于被视为共和派重要据点的弗吉尼亚，同时都干了两届，这一时期被称为“弗吉尼亚王朝”。

前面提到，麦迪逊在《联邦党人文集》当中阐述道，在广大的美国范围之内，特定的党派很难成为全国的多数派且控制整个政府，但是共和派几乎实现了这一目标。不过，这一时期的共和派在两个意义上还不能完全说是实现了全国规模上的统一。

第一，党的组织化不够彻底。联邦派和共和派的对立基本上只发生在联邦政府内部。对正副总统候选人的决定也是在国会的政党所属议员大会（党团会议）上进行的。因此所谓的党派对立也基本只限于精英圈内。

尽管因为要进行竞选，这种党派对立多少还是波及了全国，但是各州内部还没发展到将普通选民进行组织化的地步。当时对于白人男子的投票权还有一些限制，即便在共和派的精英当中，对于民主化的担忧也还没有完全消失。因此尽管有民主共和协会的支援，他们也不打算积极地接受这些帮助。

另外联邦派和共和派的活动主要是在联邦层级，因此在州和地方层级的选举中不少党派对立的形式是不一样的。联邦层级的政治无论从距离上还是心理上，对很多人来说都很遥远。到19世纪20年代为止，州这一级的选举投票率都比联邦整体更高一些，由此可见一斑。

政治对立的变化

第二，这一时期的共和派也很难说是团结的。尽管与联邦派之间的党派对立暂时消失，但取而代之的是内部派阀之间的激烈对立。不同地域的经济利害关系不同，对民主化的考虑也不尽相同。政治家从建国元勋更替为新的世代也让党内权力的格局进一步复杂化。

刚才提到的“1812年战争”（即美英战争）成为转折点。拿破仑战争时期，美国的通商一直受到英国和法国的阻碍，所以美国几乎是以被迫卷入二者外交战的形式向英国宣战。

美国曾经在1807年到1809年期间采取禁运政策，禁止一切与外国的进出口贸易，只能靠自己的力量筹措原先从英国进口的物品。经历了此次战争之后，美国国内的民族主义情绪开始高涨，国会当中也出现了来自南部的约翰·卡尔霍恩（John C. Calhoun）、新兴西部地区的亨利·克莱（Henry Clay），以及东北部联邦派的丹尼尔·韦伯斯特（Daniel Webster）等新的领导者。他们都直截了当地主张应积极利用联邦政府来增强国力。这一时期的一些通过高关税和基础设施修建来发展工商业的方针被称为“美国体系”。

一位记者在1817年宣称“和睦时期”已经到来，因为共和派的一党统治已让之前陷入险恶境地的党派对立完全消失。但是进入19世纪20年代之后，党内的各种裂痕明显增大。

在西部开发的过程中，关于新的州是否可以采用奴隶制的问题让之前就存在的围绕奴隶制而产生的南北对立逐渐表面化。1819年发生了严重的经济危机，而有关联邦政府和第二合众国银行在经济稳定和发展上应起到的作用问题争论再起。在费城和纽约，由工人组织的政党开始在选举中推出候选人。

各州出于民主化的压力进一步扩大普选范围。不过在此过程中，选民被限定为“白人男子”，有的地区因此将一些原本可以投票的白人女性和黑人（非洲裔美国人）排除在外。另外，1812年还有半数的州通过州议会选出总统候选人，到1824年就减少到六个州，只有之前的四分之一。

这些变化也催生了新的可能性，即如果候选人受到普通选民的欢迎，那么即便并未获得精英的支持，他也有可能在总统选举中获胜。在这样的背景下，决定门罗继任人的1824年总统选举成为新的党派对立出现的转折点。

成为转折点的1824年总统选举

“弗吉尼亚王朝”的继承者麦迪逊和门罗都曾在前任政权中担任过国务卿。根据这一惯例，门罗政权的国务卿约翰·昆西·亚当斯理应成为共和派候选人。决定总统候选人的国会内共和派议员大会却推选了财政部长威廉·克劳福德（William Crawford）。

在这个时期，由议员大会进行决策这件事本身已因其精英主义性质而受到批评。这个议员大会的出席者也都是一些守旧派的议员，他们试图强化联邦政府的作用，因此遭到新一代人的反对。

在这一决定作出之后，东北部的亚当斯、西部的克莱、南部的卡尔霍恩相继成为候选人（不过卡尔霍恩后来转向副总统选举并且当选）。而追求民主化的势力认为这些候选人无一例外都是脱离普通大众的，因此推选了南部田纳西州的参议院议员安德鲁·杰克逊（Andrew Jackson）。杰克逊在1812年战争中的新奥尔良战役里扭转了对英军的劣势，大获全胜，成为国民英雄。

共和派内相继出现不同候选人，说明在联邦政府成立不到四十年的时间里，将党派对立视为坏事的共和主义影响已然式微。另外，亚当斯作为共和派仇敌之子却在党内占据了核心位置，这一点也表明共和派势力的构成群体极广。

选举决战成为亚当斯和杰克逊一对一的决战。虽然亚当斯已经转向共和派，但是他的目标是让联邦政府在经济发展方面发挥积极作用，在这一点上，他继承了联邦派的想法。

亚当斯之父是建国元勋。亚当斯本人在华盛顿政府政权时期，年仅20多岁就被任命为驻荷兰公使，可以说是一直走在精英的道路上。与之相较，杰克逊在参加独立战争之前就已经失去了所有的亲人，在辗转于不同职务的过程中获得了司法资格，之后进入政界，可谓饱尝艰辛。更因为1812年战争中的功绩闻名全国，其强健有力的风格获得了“老山胡桃”（Old Hickory）的绰号，也被视为平民英雄。

二人因为截然不同的经历，在选举当中也使用了迥异的竞争方式。亚当斯阵营充分利用共和派的精英网展开选战。与此相反，杰克逊支持派则将杰克逊宣扬成与任何特定地区和派阀都无牵扯的全体国民代表。他们并不宣传特定的政策，而是强调一种中庸的姿态，致力拉拢各个地区中当地最强候选人的反对势力。

最终的总统选举人选举结果，亚当斯和杰克逊分别在东北部和南部地区获胜。克劳福德和克莱则分别赢下了包括自己家乡在内的一部分州。杰克逊在普选中无论是得票率还是选举人的得票数都超越亚当斯，成为第一位。但是，因为未能获得选举人的过半数票，因此需要像1800年一样，将结果留至国会众议院投票表决确定。最终亚当斯逆转当选总统。

但是，对于此事，有两点批评意见甚嚣尘上。

第一，亚当斯获胜的过程被认为是有问题的。因为投票表决是在前三位进行竞争，所以第四位的克莱就被排除在投票范围之外。他与同样重视联邦政府作用的亚当斯之间达成了一个不成文的约定，就是以交换支持自己的势力为条件换取政治上的好处。不仅如此，他还发挥自己作为众议院议长的影响力帮助亚当斯当选。亚当斯执政之后，克莱如愿以偿当选国务卿。这一基于私人利益和欲望的"肮脏交易"受到共和主义观点的指责。

第二，在普选中获得最多票的杰克逊的支持者们表达了他们的不满，认为这一结果是反民意的。在此之前，共和主义的政治观是"应由道德与理性兼具的'自然贵族'主导"，而在此之后，支持者们开始站到了与之完全不同的民主主义"多数人决定"的立场上。而后，这一观点超越了党派，广受接纳。

杰克逊支持派的发展

亚当斯政权受到了诸多批评，从成立之初就困难重重。特别是在1819年开始的经济危机余痛未消之际，亚当斯政权就提出一系列包含建设天文台在内的内陆开发方案，给人一种财政界的部分精英勾结起来玩弄权力的印象。这种反面评价自然成为杰克逊支持派的后援力量，他们已经在进行全国范围的组织化活动以应对下次总统选举了。

不过，杰克逊的支持派要想打败亚当斯和其支持势力也没那么容易。与民主共和派不同，亚当斯等人这个时候已经形成了被称为“全国共和派”（Nationally Republicans）或者单纯叫“全国派”（Nationals）的一大势力。

杰克逊虽然拥有极高的大众人气，但各地的政治家不会仅因为这个原因就跟随他。当然，杰克逊支持派也不认为只要提出一套一以贯之的政策方案就可高枕无忧了。从一开始，杰克逊在很多有争议的问题上就没有提出明确的想法，也没有表明过具体的方针，因为这很有可能会疏远不赞同这一点的势力。在这个时代，不同的地区的政策立场以及对不同政策的优先考虑顺序也有很大不同，因此提出个性化的政策方针未必就是明智的做法。

基于此，杰克逊支持派所进行的组织化运动主要采取的是跨地区联合克劳福德派等反全国派势力的形式。在这些活动中起到关键性作用的是马丁·范布伦（Martin Van Buren）。他是纽约州锻炼出来的政治家，为了在州内共和派的派阀斗争中获胜，组织过一个以州府名字命名的政治组织奥尔巴尼摄政团（Albany Regency），与地方关系密切。

曾在 1824 年的选举当中支持克劳福德的马丁·范布伦后来转向杰克逊，并施展出政治手腕，被称为“小魔术师”。到 1828 年为止，通过州议会选出总统选举人的州减少到两个州，这对杰克逊支持派是有利的。

在 1828 年的总统选举当中，杰克逊阻止了亚当斯的连任，取得了压倒性胜利。这也是杰克逊的支持者们以打倒亚当斯为唯一目标，成功地跨地区组织了多种利害关系和观点的势力的结果。在此之后，杰克逊派的组织进一步扩大，成长为我们今天所熟知的民主党这一重要政党。

第二章

政党政治的正式化
——杰克逊执政期到重建期

1　走向全国的两大政党制——民主党、辉格党的登场

杰克逊政权下的政治对立

1826 年 7 月 4 日，也就是美国独立宣言发表后正好半个世纪，曾经参与起草《独立宣言》的约翰·亚当斯和托马斯·杰弗逊在同一天相继去世。在党派的存在不被承认的时代，他们二人曾分别代表联邦派和共和派进行过激烈的争斗，到了晚年终于达成和解，这一天在对彼此的牵挂中离世。

而在现实政治中，新的党派对立还在不断产生。到 19 世纪 30 年代出现了真正意义上全国规模的两大政党制。美国论的经典著作，法国的阿历克西·德·托克维尔的《论美国的民主》也是以这个时期的访美经验为依据写成的。

本节所提到的到 19 世纪 40 年代为止的政治是以杰克逊为中心，普通选民参与的所谓"杰克逊式民主"，这一形式奠定了延续至今的美国政党政治基础。之后一直到 19 世纪末，政党不仅掌控政治，还渗透了人们的生活，被称为"政党时代"。

杰克逊能够在 1828 年总统选举中获胜，依靠的是遍布全国的网络组织支持。到 19 世纪 30 年代，这些组织被称呼为"民主主义者"或者是"民主党"，反映了杰克逊支持派的民主化志向。本书以下将使用民主党这一称呼。

顺便一提，当时民主党的吉祥物是驴。据说是起源于 1828 年选举，当时亚当斯阵营把杰克逊的名字谐音化为“jackass”来骂他，意为“蠢蛋、公驴”，杰克逊一方却反其道而行之，在选举海报等宣传中使用驴子的画像。

这个时候，杰克逊和民主党的政策立场尚不明确。杰克逊政权继约翰·昆西·亚当斯政权之后要继续面对的一个争论焦点是围绕联邦政府作用的舆论分歧。特别是在 1832 年，出现了两个足以左右政权命运的问题，即“银行战争”和“无效化危机”。

第一个是银行战争。1832 年初，第二合众国银行对本应在 1836 年到期的许可更新进行了提前申请，这成为事件的直接开端。针对国会已经通过的更新法案，杰克逊批评该行之前一直代表的都是东北部资本家的利益，却决定了整个美国的经济，因此对该法案行使了否决权。

杰克逊针对财政界的精英统治的明确反对，也清楚表明了其对于联邦政府权限的压制态度。许可失效之后，第二合众国银行随即消失，在之后 1913 年联邦储备制度启用之前，美国一直处于没有中央银行的状态。

第二个“无效化危机”是关于关税的。此前的亚当斯政权于 1828 年通过的关税法基本上采取的是高关税的政策，为的是在与工业革命较为发达的欧洲的竞争中保护始于东北部的轻工业。欧洲各国为了报复也使用了高关税。南部地区种植业非常发达，主要用于出口，由于关税对这一地区的重要性，被称为“金字棉”的棉花等农作物越发难以出口。

1832 年的立法依然保留着高关税，南部的南卡罗来纳州因为惧怕这一政策招致的报复性关税而举行了州民大会，商讨对策。他们提出，联邦法如果要在州内生效，必须获得该州同意，因此并不认可基于新关税法的关税征收政策，并通过了决议——如果联邦政府处理不当，将不惜从联邦中脱离出来。

杰克逊虽然认为应该尊重州的权利（州权），但是这种极度重视州权的“无效理论”威胁到了联邦的统一性，他明确表示对其不认可。此事之后，在第二年3月份举行的民主党为多数派的国会上通过了一项法案，允许总统在执行关税法的时候行使武力。不过，同时出台的还有阶段性降低关税的妥协性关税法，南卡罗来纳州接受了这一法案，“无效化危机”得以平息。

杰克逊在“银行战争”和“无效化危机”中分别采取了重视州权和重视联邦这两种看起来完全相悖的立场。但是通过这两个事件，他不仅确立了反对精英控制财政界的爱国者形象，还超越了在联邦政府作用之争上的不同立场，获得了广泛的群众支持。在1832年的总统选举当中，民主党第一次召开了全国党大会，杰克逊被提名为候选人。他的竞争对手是亚当斯继承人、全国派候选人亨利·克莱，结果杰克逊在普选中获得了54％的票数，在全国大概三分之二的州当中取得胜利，获得连任。

辉格党的登场

在这一系列事件之后，克莱等反对杰克逊的权威人士认为全国派无法战胜民主党，遂以自己为中心逐步开展集结活动。到19世纪30年代末期，全国反对杰克逊的派别集合在一起，向着新的大政党发展。

民主党，正如其名，是通过民主主义的口号对人们进行动员的，而反杰克逊派则运用了旧的抵抗专制的共和主义理论。他们把

《国王安德鲁一世》，1832年左右流传的讽刺画，作者不详。图中的国王踩着宪法和合众国银行，左手拿着“否决权”。

杰克逊比作滥用权力进行专制统治的暴君“安德鲁一世”，将自己称呼为抵抗其统治的“辉格党”。辉格这个词在英国指的是反王党派，美国革命的时候用来指殖民地一方。

辉格党人重点关注的是杰克逊对第二合众国银行更新法案所行使的否决权。事实上，这是对重要法案行使否决权的最早事例。另外，辉格党还攻击民主党是一伙自私自利的人，强调自己才真正体现了共同善。他们通过这些主张来摆脱全国派精英的印象。

这样形成的辉格党中坚力量是原全国派，不过也逐渐加入了一些其他势力。反共济会党就是其中的代表。该党打着反对共济会的旗号，于1826年成立。共济会是一个拥有诸多财政界精英会员的秘密结社组织。反共济会党于1831年作为美国政党首次召开了全国党大会，拓宽了势力范围，后来他们当中的大部分加入了辉格党。

精英性的全国派和反共济会党的联合形式也表明辉格党并没有任何统一的政策方针这一特点。

在接下来1836年的总统选举中，民主党将马丁·范布伦副总统定为杰克逊的继任者。与他们不同，辉格党没能够统一候选人人选。虽然他们采取了选出多个候选人的苦肉计，希望像1824年一样将候选人投票放进国会众议院的投票表决当中，但是还没等到投票表决就已失败。

但是辉格党在此之后也加强了组织化进程，于1839年召开了第一次全国党大会，在大会上拥立威廉·亨利·哈里森（William Henry Harrison）为总统候选人。他曾活跃于与原住民的战争当中，在拓荒不久的中西部度过了漫长岁月。在次年的选举当中，哈里森提出了“木屋与苹果酒”的口号，树立了平民形象，改变了全国派的精英印象，阻止了范布伦的再次当选。

19世纪30年代之后，民主党与辉格党这一真正意义上的两大政党制得以完成。在此期间，辉格党中关于共和主义的思考也逐渐削弱，而期待通过政党之间的竞争实现民主政治的想法逐步跨越党派确立。这种政党制一直持续到辉格党解体的19世纪50年代，史称第二次政党制。

全国范围内的组织化——第二次政党制下的政党结构

第一次政党制是联邦政府内精英们的党派对立，第二次政党制期间有所不同，政党为了动员普通选民，在全国实行了组织化。在这一点上，可以说政党的制度化有了很大的进步，这充分体现在其组织形态上。

第一次政党制期间，一般是由国会、州议会内的议会大会做出党派决定，对于这种精英性质的会议，其反对派揶揄他们为“君主会议”（King Caucus）。与此不同，在第二次政党制期间，党代表大会（party convention）成为政党最重要的决策组织，并成为固定制度，而党代表大会的党内权力源泉是普通支持者。

这种党代表大会制度的基础是各个地区共同体的党代表大会。美国的州可以下分为郡的行政单位，郡下面又分为镇和区

(Precinct)。首先，在镇等地方会召开所有政党支持者都能够参加的党代表大会（也称为党团会议），在会上选出党干事和地方选举的候选人，以及派往参加郡层级党代表大会的代议员。

接下来在郡的党代表大会上会选出以该地区为选区的各种公职候选人，同时对党的方针进行表决，确定出纲领。另外还会继续选出代议员，这些代议员可以去参加选举州议会议员和联邦众议院议员候选人的党代表大会，以及州层级的党代表大会。

到了州一级的党代表大会，会决定州长等的候选人和州的政党纲领等，其中州长等的候选人是以整个州为选区的。在四年一度的总统选举年，会召开由各州党代表大会派遣的代议员组成的全国党代表大会，决定全国政党纲领和总统候选人。

尽管普通支持者也可以参加当地的党代表大会，但是掌握主导权的仍然是政党的领导者。不过，与第一次政党制下议员大会中的决策过程相比，政党的管理方式已经大大民主化了。虽说各个层级的政党委员会是政党的管理中心，但是民主党直到 1848 年、辉格党直到 1852 年，都还没有成立全国性的政党委员会，由此也可以看出美国的政党就是地区组织的联合体。

需要注意的是，镇等党代表大会的参加者是地区内的普通支持者。到 19 世纪上半叶，各地区共同体的规模都还很小，党组织的最大作用就是了解全体选民信息，包括他们的支持政党。当时并没有定出正式的党员制度，只要是支持政党的人就可以被看作是政党一员。

从 20 世纪初开始，因为引入了直接预选制，候选人的决定方式发生了巨大的变化。但是由党代表大会选出候选人的形式并没有完全消失。在序章当中提到，艾奥瓦州直到今天也还在每个地区举行支持者集会（党团会议），由此决定从州党组织中派往全国党代表大会的代议员所支持的总统候选人。

在第二次政党制时期，不仅各党内实现了进一步民主化，政党间的对立范围也扩大了。第一次政党制时期的对立基本是联邦政府内的对立，联邦派和共和派之外的党派也会在州以下层级的选举中进行竞争。第二次政党制以后，两大政党开始在全国范围、全部层级（从联邦到地方）的选举中展开竞争。

19 世纪 30 年代以后，联邦层级的选举投票率开始超过州层级的选举投票率。其中的缘由，一是两大政党在联邦层级的政治对立基础上实现了组织化，二是在此基础上彻底动员了选民。

政策上没有明显区别的两大政党

不过，两大政党间的竞争并非基于明确的政策对立。总体来说，两党在特征上有所差别，辉格党在实现“美国体系”方面比民主党更加积极，而民主党则致力推进向西部的领土扩张。但是由于各党内的地区差异也很大，很难说两党有明确的政策方针上的区别。

特别是在对外政策方面，1823 年门罗总统的国情咨文（即门罗主义）将美国的势力范围定位在南北美大陆，主张与欧洲互不干涉。这一主张被各个党派继承，直到 19 世纪末。后面我们会详细地介绍，当时在美国最大的政治争议其实是围绕奴隶制的南北对立。两大政党均是跨越南北开展活动的，因此党内意见也存在分歧。

对政策的理解差异极大的不同集团之所以能够在同一党内共存，原因之一就是议会中党内约束力薄弱。如果议员只能按照政党领导层的方针进行投票，那么投票就无法在同一政党中进行。但是，联邦众议院议员的候选人和联邦参议院议员是分别由选区的党代表大会和州议会选出来的，因此需要重视当地的意向。

鉴于以上情况，在选举的时候，政党只强调两大政党间偶尔有明显对立的联邦层级的重要争议。有意思的是，即便是在州层级的公职选举当中，为了让州内的党内对立不那么明显，也会只强调本应关系不大的联邦层级的争议。

利益分配成为团结的源泉

那么，为什么各党内的各个集团想法不同却能结成为一个政党呢？这大概是因为他们有共同的目标，即通过掌握政府分享所获利益。

19 世纪联邦政府的重要作用是通过基础设施建设将直辖领地和关税收入等资源分配给国内的各个主体。同一政党的议员们会为了争取当地的利益权利在议会内积极互助。

另外，第二次政党制以后的政党最大的目标就是在总统选举中获得胜利。总统不仅是最具权威的公职，还拥有各种各样形式的利益分配权力，如行政官员和法官的人事任免权等。当时还没有基于能力审查的公务员人事制度（考绩制），因此从内阁成员到兼职邮局职员，这些岗位都是总统政治任用的对象，他会把这些职位分配给为选举做出贡献的人以及各地政党的有势力者和支持者。

这种人事制度被称为“分肥制”或“猎官制”（Spoils System），因为它把通过选举胜利获得职位当成目标及战利品。杰克逊总统曾经积极地将民主党干部和支持者提拔为公务员。而且公务员的工作不需要什么特别的能力，因此当时他以需要更多公民进行体验为名，频繁地更换人员。这种被称为“轮换制度”的惯例被各个党派继承。即便是考绩制已经完全渗透的今天，仍有超过三千的高级官职是总统政治任用的对象，这也是 19 世纪以来的人事习惯的影响。

各地政党组织通过猎官制将官职分配给各个支持者，换取其长期支持。而通过政治任用获得公务员职务的人则被要求将收入的一部分交纳给党组织，因此猎官制成为政党重要的活动资金来源。

最终，在总统选举中获得胜利被认为是政党存在的意义，这导致美国的地区政党很难发展。因为从制度上来说，总统选举必须在广泛区域内获得选票才能取得胜利。因此，尽管两大全国性政党是由有着多种利害关系和多种思考方式的势力构成的，但其非常宽松的政策统合性和基于利益的牢固联系维系住了政党的存在。

2 "政党时代"的开始——渗透进社会生活的两大政党

公民对政党的认同感

民主党和辉格党不仅掌握了从联邦到地方的全国政府，还通过彻底的组织化深入渗透进人们的生活。政党深入渗透进选民的生活，乃至影响了他们对事物的看法的情况一直延续到 19 世纪末，这一时期经常被称为"政党时代"。

那么当时的政治具体是怎样的形式？公民又怎样与政党打交道呢？

这个时期的公民有支持的政党是理所当然之事。据估计，大半的人对两大政党的一方抱有认同感（归属意识），而不只是单纯的支持意识。这种感情用今天的情况来打比方，大概接近于棒球和足球等体育球队的狂热粉丝。如果考虑到普通选民通过党代表大会制度实际已被当做政党一员，这倒也并不意外。在美国，有将去世者的业绩等刻进墓志铭的惯习，据说有些墓志铭里甚至写有死者与支持政党之间的关联。

但是，如果两大政党政策上的区别并不明确，人们应该如何决定支持的政党呢？

当时人们对政党的支持是与各地区内已有的政治对立交织在一起的。如果当地的某个势力跟随民主党，那么与其敌对的势力就会加入辉格党。这种情况未必与政策有什么关系。这是两大政党对立的基础。

这种地域社区内的对立经常是与民族、宗教上的差异联系在一起的。虽然19世纪上半叶的美国已经存在多种民族，但是在白人中占据统治地位的是盎格鲁-撒克逊系的新教徒（即White Anglo-Saxon Protestant，简称WASP）。他们有不少因为饮酒等生活习惯的不同与包括天主教信徒在内的其他集团产生了矛盾。当时大量涌入的爱尔兰裔甚至被当做下等种族对待。

这种因为社会内部的民族与宗教引起的分裂多与政党间的对立相对应。19世纪中期的民主党比起辉格党以及之后登场的共和党，在政府的社会经济统一管理方面持消极态度，因此他们更倾向于依赖WASP之外的人们的支持，因为这部分人非常讨厌他人对自己文化的干涉。

公民之所以开始对某个政党抱有强烈的认同感，可以说很大程度上是因为他们所持的民族、宗教等个体自我意识所决定的。

这一点同样适用于并不具有参政权的白人女性。虽然当时人们认为女性比男性更具备道德感，但力量较弱，因此她们应该在家庭内部承担母职而免受社会之苦。但是实际上，不少女性都有支持的政党，也会参加选举运动。尽管她们并没有参政权，但是周围的人会将她们忘我的活动赞赏为纯粹的爱党之心的表现。

如此一来，对政党的认同感本身成为了个人身份认同感的一部分。随着个人的成长，这种身份认同感会在政治性社会化的过程中得到强化，自父母而下代代相传。另外，整个19世纪，美国西进运动不断推进，这一过程中很多人移居至西部，成立了新的共同体，当地也在已有的政党支持基础上逐步形成两大政党的党组织。

政党与选民的不断结合

在这个“政党时代”，总统选举投票率超过八成的情况也不在少数。而且正如我们在下面一节中将要看到的那样，只要不发生什么能够让选民从根本上改变对政党和政治看法的事件，选民就会稳定地为所支持政党的候选人持续投票。但这种投票倒并不一定是自发的，而是有赖于“政党时代”中政党组织的全面动员。对于地区内的选民，政党组织会掌握他们的情况，甚至具体到个人。他们不光要在选举的时候动员选民进行投票，还要为了让选民不断支持自己的政党而进行一些日常性的活动。

在争取公民持续支持政党的过程中，报纸发挥了重要作用。在美国，到19世纪中叶，白人的初级公共教育已经比较普及，其识字率在世界范围内都是比较高的。当时的报纸经营者和编辑者本身大多都是政党政治家，即便是普通报道，他们也会从党派角度出发撰写。

各个政党在包括州府在内的很多城市都分别发行了报纸，人们通过报纸，也就是通过所支持政党的眼睛去看世界。比如《纽约时报》是在1851年由辉格党的政治家（后来转为共和党）亨利·雷蒙德（Henry Raymond）等人创刊的。

政党也会利用各种各样的机会唤起支持者对政党的热爱。当地党组织主办的郊游会就是其中的代表。在娱乐项目还比较有限的当时，这样的活动是市民的重要消遣。今天的我们可能很难想象，郊游会的高光时刻是政治家的演讲。在当时，超过两个小时的演讲并不稀奇，据说支持者们非常乐意倾听。人们在同一党派内交往，跟随党派思考和行动。政党甚至起到了“政治内教会”的作用。

不过，人们对于政党的支持并不仅仅是源于热爱。他们也同时从政党那里换来各种各样的好处。像刚才所说的那样，对政党的贡献会以官职任命的形式获得回报。除此之外，从介绍职务到推荐孩子申报西点军校，政治家们会满足支持者各种各样的要求。当时的政治家们留下的文件资料中有一大半都是来自选区等地方写有要求的信。

那些刚刚到达美国的移民作为全新的支持者，成为两大政党争夺的对象。政党组织帮助移民办理归化手续，给他们介绍工作，帮助他们安顿在美国的生活进而笼络他们——这些移民中的大多数没有投票经验，同时有很多人并不理解民主政治。

特别是在纽约和费城这样的大城市，党组织像机器一样精密地运作，以此来动员支持者，它们被称为“政党机器”。强大的政党机器会与市政府结合，在利用其权益的同时把控了包括新移民在内的大量城市居民。

比如，从 19 世纪上半叶到中叶，一些爱尔兰移民因为祖国的土豆饥荒而大举迁往美国。政党组织觊觎他们手中的选票，开始为他们斡旋消防员或者警察等地方公务员职务。直到今天，这些职业依然与爱尔兰裔紧密联系在一起。尽管这些政党机器因为不择手段扩大党的势力范围而受到了批评，但是直到 20 世纪中叶，它们还在很多大城市中存续。

政党对选民的动员与管理

党组织就这样侵入了人们的生活。它们运营党代表大会，选出候选人，千方百计搞热竞选氛围。除了派发传单之外，党组织还举行各种各样的活动，如候选人和其他政治家的演讲会、竞选的启动仪式、为了加强以候选人为中心的党的凝聚力而举行的火炬游行等。竞选演讲在歌颂自己政党的功绩和候选人人品的同时，拼命贬低对立政党，唤起支持者的爱党之心。

但是，这其中并没有总统选举候选人的身影，因为在共和主义式规范的影响下，总统不可以是主动谋求权力的人，因此候选人不能公开地讨要候选提名及进行选举活动，这些都被视为禁忌。总统候选人必须要依靠全国各地的党组织进行竞选，即便在当选之后，在政策的执行和人事的分配方面也必须满足来自党内的各种要求。

政党组织还深入参与选举活动本身的运营，这样可以更容易动员和管理选民。各党派会提前向支持者分发印着本党候选人姓名的专用投票纸，而非正式的投票纸。当时一般会在同一天进行多个选举，一张投票专用纸上有时会写着十个以上公职的候选人名字。党的支持者如果要进行投票，即便没有相关知识，也能一次性就为本党的全部候选人投票。

19 世纪时，投票者的投票保密意识还不是很强烈，在投票所，他们要在政党相关人员的监视下投票。因为投票纸是彩色的，因此

郡选举，乔治·迦勒宾·宾汉姆（George Caleb Bingham）作品，1852 年

把票投给哪个政党一目了然。不过，如果投票者对支持政党的候选人不满，也可以改写候选人姓名，以别人很难察觉的形式给其他候选人投票。

不过，到19世纪下半叶为止，在肯塔基州等一部分使用宣誓投票制的地区，这种方法很难操作。宣誓投票制度是基于“男儿不可为自我主张而耻，必要公开表达为宜”的考虑，需要投票人口头表明为哪个候选人投票。在实施这种制度的地区，甚至保存有这样的记录：投票者为了给支持政党以外的候选人投票，前往无人认识的很远的投票所投票。

当时的选民要向支持政党提出异议，最常用的手段就是弃权。不过，党组织为了确保支持者去投票所，会进行全面的监视和动员。大概是因为这个原因，总统选举的投票率才会达到约八成，其他年份的联邦众议院议员选举也能够达到六成多的高投票率。周日是基督教的安息日，因此选举都在平日举行，今天也是如此。在猎官制下，联邦公务员是执政党最热心的支持者，到了总统选举时他们就会获得假期，为当地的投票和动员工作助一臂之力。

不同选举日程的意义

对于政党来说，选举不仅仅意味着胜负，还有提高支持者的爱党心方面的重要意义。19世纪上半叶，作为民主化的一环，州、地方层级的公职中选举产生的官职增加了，任期比现在短。比如州长的任期标准现在一般是四年，19世纪的时候大部分是一年或者两年。另外，同一个州内，根据职务不同，选举日程也不同，所以全国各地几乎一直在选举。美国到现在仍以选举多而闻名于世。

联邦层级的选举情况也是相同的。最初在总统选举时，各州选出选举人的日程也是各不相同的。但是这就导致部分州可能还没来得及选举完就大局已定，或者选举人比较多的州尽可能将本州的选举日程后推，以此占据左右胜负的有利位置以加强政治影响力。因此 1845 年出台的《总统选举日法》将全国的选举日期统一在 11 月第一个周二。

19 世纪时，不同州进行联邦众议院议员选举的时间不同，同一议会期的议员选举甚至有跨年的情况。但是，本着节约选举运营成本的目的，选举日程逐渐统一。有越来越多的联邦众议院议员和州、地方层级的公职选举日定在了跟总统选举同样的 11 月。

不过还是有一部分的州坚持在 11 月之前进行选举。当时还没有科学的民意调查，各地的选举结果是了解舆论动向的为数不多的手段之一。比如缅因州是在 9 月，艾奥瓦州是在 10 月进行选举，主要选举包含州长在内的公职。一般认为，这些州的结果对 11 月的总统选举多少还是会产生一些影响。其中缅因州的州长选举结果和总统选举结果多次重合，甚至有人说“这个国家会朝着缅因州前进的方向前进”。

政党在选举实务中发挥的巨大作用有可能导致选举不公。实际上，在“政党时代”，一个选民可以前往多个投票所投票，这种情况导致某个地区的投票率可能会超过 100%。在国会当中，因为各个议院可以决定是否接受选举结果，所以当选举结果差别不大的时候，失败一方的政党可以提起异议申请。尽管如此，因为选举是在彻底了解选民信息的两党工作人员相互监督之下进行的，据说没有出现过大规模的不公正情况。

3 围绕奴隶制的南北对立——走向民主、共和两大政党制

脆弱的辉格党

两大政党就这样在全国范围内完全掌握了选民。但是，民主党与辉格党的第二次政党制并没有持续很长时间。原因是辉格党从成立最初就无法克服党内的不和，又因为政治争议分裂为两个政党，第三党活动又比较活跃。19 世纪 50 年代初，辉格党已经处于解体的边缘。这个时候新登场的共和党将其取而代之，成为两大政党的一方。

辉格党同民主党一样，是有着不同利益和政策方针的各种势力的联合体。但是民主党已经获得了爱国的平民党派这一形象，杰克逊就是其象征。与此相反，辉格党当时所提出的共和主义式“反专制”态度却已落后于时代。

另外辉格党中没有出现如杰克逊这种让大众狂热的领导者。克莱甚至蒙上了“肮脏交易”的污点。除他之外，辉格党最大的明星政治家是做过联邦参议院议员以及国务卿、因雄辩而闻名的丹尼尔·韦伯斯特，但是因为他与东北部财政界关系密切而不受大众待见。1836 年他作为多个候选人之一参加竞选，这也是他唯一一次参加总统选举的机会。

最终，从辉格党中走出的总统只有 1840 年的哈里森和 1848 年

的扎卡里·泰勒（Zachary Taylor），两位都是获得过战功的将军。泰勒能够获得胜利与民主党一方的分裂也不无干系。如果不能在总统选举中获胜就无法确保维持党内团结不可或缺的权益，这是个很严重的问题。

民主党在国会中作为多数派存在的时间比较长，而辉格党在参众两议院中占多数的时间只有19世纪40年代初的两年。

围绕奴隶制的诸多问题进一步表面化

在这一时期，将国内舆论一分为二的一些争议问题也逐渐浮出水面。在政党之间没有明确对立的时期，各个党内会出现内讧，组织第三党的活动也会趋向活跃。其中最为严重、导致政党制重新洗牌的，就是围绕奴隶制的南北对立问题。

美国的十三块殖民地都曾在法律上承认过黑人奴隶制。但是在北部（在美国史的脉络当中，北部指的是除执行奴隶制的南部以外的所有地区），奴隶制因为缺乏经济上的合理性加上人们的平等意识通过革命进一步增强而被逐渐废除。同时因为18世纪下半叶在英国开始的工业革命，南部对棉花等作为原材料的初级产品的需求增加，种植园中对奴隶劳动的需求日益增加。

对奴隶制处理的不同导致制宪会议中就如何将奴隶算入各州人口问题上产生了对立，因为这是联邦众议院和总统选举人定额分配的基础。保有奴隶制的邦希望将奴隶同自由人一样算作一票，而没有奴隶制的邦则主张既然奴隶被视为他人的财产，那么奴隶人口就应该被排除在选民之外。最终的决定结果是一个奴隶按照五分之三个人来计算。制宪会议在其他如奴隶贸易的处理等与奴隶制相关的问题上也不得不作出妥协。

在此之后，就逃向北部的奴隶的处理方式等各种争议问题，围绕奴隶制的南北对立不断加剧。在南部，奴隶制已经成为社会传统的一部分，人们害怕北部的干涉。而在北部，人们不仅讨厌奴隶制，还认为因为奴隶人口的存在导致南部的白人统治阶级在总统选举和国会众议院当中不合理地拥有巨大的权力（亦称为“奴隶主势力”），对此加以指责。

奴隶制向西部的扩大成为焦点

美国建国后，在新获得的土地上建立了新的州，这些州是否采用奴隶制的问题上充分暴露了双方的对立。美国在 1803 年购入路易斯安那之后，通过购入和战争等方式不断获得领土，到 19 世纪 40 年代已经发展成庞大的大陆国家，国土延伸至西海岸。许多开拓者因此走向西部。

未纳入州的所有领土都被当做联邦直辖领土，到达一定人口规模的地区可以有准州（territory）组织，并可以通过设置准州议会等进行自治。如果人口进一步增加，准州可以对国会提出升格州的申请。

1819 年，西部的密苏里准州表达了升格为奴隶州的意愿。当时奴隶州和没有奴隶制的自由州数量是相等的，所以国会在关于是否通过这一申请的问题上产生了激烈的争论。结果，国会将从马萨诸塞州当中分离出来的缅因州设置为自由州，同时承认密苏里州升格为奴隶州，除此之外，第二年通过的《密苏里妥协案》决定，以后在当时的领土内，奴隶州只能设立在密苏里州以南（北纬三十六度三十分以南）的地区。

这个时期，北部无论在人口还是国会众议院的议席数都已经超过了南部。于是此后形成了惯例，即保持奴隶州和自由州同数，再从每个州选出两名议员组成国会参议院，使两者保持对等。从 19 世纪 40 年代到 50 年代，民主党和辉格党的正副总统候选人都是来自南北部的组合。

另一方面，在 19 世纪上半叶出现了被称为“大觉醒”的新教徒信仰复兴运动高潮。在此影响下，北部地区反抗情绪高涨，他们认为这是与“在上帝面前人人平等”的理念相背离的，开始全面开展废除奴隶制运动。1833 年，威廉·劳埃德·加里森（William Lloyd Garrison）等人成立了旨在立即废除奴隶制的美国反奴隶制协会，吸纳了诸多会员。

1839 年，这个立即废除奴隶制运动中的部分组织成立了第一个反奴隶制政党自由党。1848 年，反对奴隶制向西部扩展的自由土地党登场。尽管他们失败了，但是他们将原总统马丁·范布伦拥立为总统候选人，分走了民主党的选票，这也导致了辉格党人泰勒的胜利。南部则紧绷着神经关注北部的这一系列活动。

从辉格党的衰落到共和党的组建

对两大政党制的挑战并未就此结束。19 世纪中叶时，排外主义盛行。当时的移民中有很多爱尔兰裔和德国裔，这些被称为“旧移民”的人当中有很多天主教徒，与占多数派的新教徒不仅在宗教想法上不同，在饮酒等生活习惯上也有所不同，因此成为被压迫的对象。

19 世纪 50 年代，被称为“一无所知”的具有排外主义性质的秘密结社组织日渐壮大（名字来源于会员如被问起组织，一律回答“一无所知”）。在此运动基础上，美国党（American Party）成立。

美国党提出了延长移民入籍等待时间的政策。1854 年，美国党甚至在马萨诸塞州成为控制州议会的多数派。

美国党的发展动摇了两大政党，特别是给不稳定的辉格党以极大的打击。在此基础上围绕奴隶制的扩大问题产生的新火种，扼制了辉格党及已存在的两大政党制的发展。

1854 年国会提出了《堪萨斯-内布拉斯加法案》，设立了法案名称上提及的两个准州，这一法案基于当时被称为“人民主权论”的想法，即这些州之后在升格为州的时候将由居住在当地的居民决定是否引入奴隶制。由于这些准州预备成立在紧邻密苏里西部的地方而非南部，因此这部法案以有利于南部的形式使得《密苏里妥协案》无效化，这一点令其备受关注。

《堪萨斯-内布拉斯加法案》为北部伊利诺伊州选出的民主党参议院议员史蒂芬·道格拉斯（Stephan Douglas）提出，他之所以会提出这个法案，是因为当时正在计划修建横贯大陆的铁路，他希望让南部议员接受通过伊利诺伊州芝加哥的环北线路。同年，这一法案在南部的支持下获得通过，这激起了反对奴隶制扩大的人们的怒火。

反对此立法的北部势力跨越所属政党集结起来，成立了新党。不久之后，这一新党被称为“共和党”。这一名称当中包含着对第一次政党制期间共和派的致敬，也包含了对奴隶制的反对。另外一方面，在南部和北部，对奴隶制较为宽容的人集结在民主党中。

共和党的参加者虽然无一例外都反对奴隶制，但是他们并没有以党派的名义提出废除奴隶制的口号，而只是将目标限定于阻止奴隶制向西部的扩大。一方面是他们认为联邦无法在宪法上对既有的奴隶制进行干涉，而且尽管反对奴隶制，一部分人也担心一旦废除了奴隶制，解放了的奴隶会流入北部引发混乱。北部的白人一边反对奴隶制，一边却与南部的白人一样对黑人抱有根深蒂固的歧视。

向第三次政党制过渡和 1860 年的总统选举

两个新的准州中，堪萨斯马上开始着手升格为州，但由于引入奴隶制的支持派和反对派都大量涌入该地争斗，堪萨斯陷入内乱状态，甚至被人称为“流血的堪萨斯”。到 1861 年 1 月升格为自由州之前，堪萨斯的混乱状态一直持续，两派分别成立了准州议会，通过了各自的州宪法草案。

在这种状况下举行的 1856 年总统选举中，辉格党和美国党共同推选了候选人，但是在普选中只获得了 20%强的投票率，只在一个州获得了胜利。反观共和党，虽然约翰·弗里蒙特（John Fremont）输给了民主党的詹姆斯·布坎南（James Buchanan），却在普选中获得了 33%的票数，不仅在北部赢得了十一个州的胜利，还在国会中成为继民主党之后的第二大党。两大政党制的构成出现了更迭，这在美国政党史上是首次。

1860 年总统选举共和党投票纸，俄亥俄州

第二年，最高法院在“德雷德·斯科特案”中判定黑人不具备公民资格，这使得局势越发紧张。在 1858 年的国会和州层级的选举中，共和党获得了飞跃式发展。这种情况下出现的新政党制被称为第三次政党制，并一直持续到 19 世纪末。

接下来的 1860 年总统选举中，共和

党选出伊利诺伊州的亚伯拉罕·林肯作为候选人。除了曾当选州议会议员外，他只当过一期联邦众议院议员，但是在1885年史蒂芬·道格拉斯再次当选参议院议员之际，林肯作为共和党候选人向其挑起论战。林肯就是否扩大奴隶制等争议焦点与以善辨著称的道格拉斯展开了七次讨论，而且表现与其不相伯仲，因此闻名全国。

另一边，民主党则在是否扩大奴隶制的问题上出现了南北对立，因此分别确立了候选人。另外，以与北部接壤的奴隶州为中心的地区，因为对内战爆发的不安，成立了旨在维持联邦的宪政联合党。这一分裂导致林肯虽然只获得了40%的普选选票，但是在北部各州取得压倒性胜利，最终当选总统。在同时期选出的国会当中，共和党在参众两议院中也占据了多数席位。

南部各州将此结果看成是北部对奴隶制的拒绝，相继表明要脱离联邦。当时新总统的就任时间是选举后的第二年3月，在此期间民主党的布坎南总统表示应该通过修改宪法来保障奴隶制，但是南部各州并不接受，并重新组建了美利坚联邦国（以下称南方邦联）。在此之后的美国，最狭义的南部指的就是参加南方邦联的十一州。

尽管国会探索如何妥协，林肯执政之后也不断进行怀柔工作，但是南方邦联拒绝接受和解，并开始要求移交领域内的联邦军事设施。而后的1861年4月，南卡罗来纳州的萨姆特要塞爆发军事冲突，内战就此拉开序幕。这就是此后长达四年的南北战争。

南北战争和政党政治

开战当时，北部人口大概占美国整体的七成，工业生产值占九成，南北在国力上存在绝对性的差距。因此，北部认为南部会早早放弃脱离联邦。但是南部认为欧洲会因为输入自产的棉花等初级产品而站在自己一方，期待着北部早晚会被迫接受南部的独立。但并没有出现积极支持南方邦联的国家。不过南部有很多经验丰富的士兵，因此内战陷入长期化。

在南北战争中，两个阵营都进行了征兵和发行不兑现纸币，都彻底动用了国内资源，可以说是世界史上首次的总体战争。当时的联邦方面，共和党一致支持林肯政权，而另一边民主党内却产生了立场分歧，出现了认为应该为了战争而协助林肯政权的“战争民主党”和认为应该承认南部独立而停战的“和平民主党”。

共和派尽管在北部是多数派，但其在战争期间也并不是完全稳定的。林肯当初考虑到一部分奴隶州还留在联邦当中，因此将战争的目的限定于恢复联邦。但是他为了争取战争胜利，逐渐将废除奴隶制定为目标，因此也招致了不少反对声音。

1862 年 9 月，林肯发布预告，声称如果南方邦联不停止敌对行为，将在第二年解放境内的全部奴隶。很多白人对为了黑人的自由而在白人间爆发战斗感到不满，再加上人们对陷入意料之外的长期战而感到焦躁，在这一年的选举中，煽动厌战气氛和对黑人歧视意识的民主党突飞猛进。第二年 1863 年元旦，林肯如约正式发布了解放南方邦联实际统治区域内所有奴隶的宣言。同年的征兵开始之后发生暴动，出现了黑人遭遇私刑等问题。

在 1864 年的总统选举当中，民主党责难共和党政权推进战争，侵犯了州和公民的权利，他们拥立了开战初期的联邦军司令官乔治·麦克莱伦（George Mcclellan）为候选人。而共和党借用当时代表联邦整体的用语，暂时把党名改为“联盟党”（Union Party）。另外，将安德鲁·约翰逊（Andrew Johnson）确立为打算再次竞选的林肯的副总统候选人。安德鲁·约翰逊虽由南部田纳西州选出，但是重视联邦的统一性，是参加南方邦联的州当中唯一留在国会当中的原参议院议员。这一举动也是为了鼓舞选民的爱国心。

图表 2－1　南北战争结束时的美国，1865 年

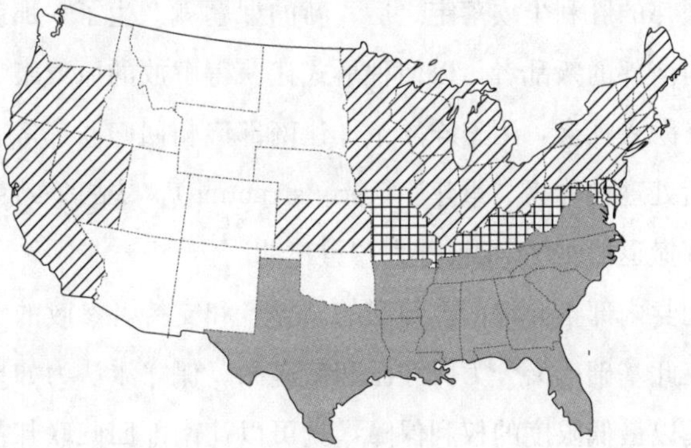

附注：斜线为自由州，灰色为参加南方邦联的十一州，格子为留在联邦的奴隶州（边界州），白色为准州等州未组织区域。

当时，联邦一方胜券在握的预测甚嚣尘上，这被认为对共和党是有利的。尽管如此，在共和党内部，围绕战争进程和战后处理方针等问题，对林肯的不满与日俱增，据说林肯在选举前夕认真考虑过自己失败的可能性。

结果林肯以巨大优势再次当选。第二年即 1865 年的 4 月，内战以联邦一方的胜利宣告落幕。但是南北加起来有六十万以上的人口战死，相当于当时总人口的大约 2%，可谓惨烈。这个数字相当于美国到今天为止其他所有战争的死者人数。同年，全国通过了废除奴隶制的宪法第十三修正案。

战争终止和奴隶制的废除意味着共和党成立时的反对奴隶制扩大的目标的超额完成。共和党有了新的课题，即如何维系党内的团结，确保选民的支持。

重建的政治——总统和议会共和党的对立

当联邦的胜利尘埃落定之后，新的课题就产生了，那就是战后如何处罚南部的叛乱者，以何种形式让获得解放的原奴隶（亦称为解放民）融入社会，用怎样的条件让南部诸州回归联邦等。南北战争的战后处理被称为“重建”（reconstruction），从战争结束到联邦军从南部撤退的 1877 年被称为“重建期”。

共和党内部不允许南方邦联的领导者和支持者参政的意见是统一的，在此基础上又分为保守派和激进派。保守派认为如果能够给予解放民以最低限度的权利保障，就可以让南部回归联邦；激进派则不惜让白人种植园主占统治地位的南部社会结构解体也要实现种族平等。而人数最多的是夹在两种立场之间的稳健派。

除了党内意见的对立，战争刚刚结束时前往观剧的林肯被南方演员约翰·威尔克斯·布斯（John Wilkes Booth）枪击身亡，也使得重建政治更为复杂化。升格为总统的约翰逊是南方民主党出身的州权论者，也是原奴隶主，缺乏对共和党的忠诚。

他在国会闭会期间推动南部诸州在接受废除奴隶制的前提下回归联邦，条件比共和党内的保守派更加宽松。1865 年内十一个州全部回归联邦，各州权力却都落入了原南方邦联的领导人手中，而解放民的权利跟白人相比也明显受到限制。

共和党对此强烈不满，但是对南部比较宽容的民主党则为约翰逊喝彩。他于 1866 年启动了高举联邦再统一旗帜、以恢复战前状态为基调的“联盟运动”。此次运动的目的是整合南部统治阶层和民主党及共和党的保守派，创建新的全国性政党。但是在同年的选举当中，尽管确立了候选人，却以惨败告终，只是共和党的保守派当中有一部分人加入了民主党。

共和党本身就很难接受约翰逊的“总统主导的重建”，而且因为奴隶制的废除，国会众议院的名额分配上变得有利于南部，其与民主党的携手形成选举上的巨大威胁。在此局面下，议会共和党因为反对南部和约翰逊而展现出空前的团结。

激进的“国会主导的重建”

议会共和党于1866年通过了关于公民权利的法案（《公民权法案》），并提议对宪法进行第十四次修正。根据这项法案，应保障解放民享有公民应有之权利，并停止曾支持南方邦联的人参政。以约翰逊为后盾的南部对此进行抵抗后，第二年1867年议会共和党又通过了一连串重建法案，再次将南部诸州置于军事占领之下，下决心对重建进行修正。

议会共和党在重建法中赋予可能支持联邦和共和党的南部黑人（男性）选举权，允许他们和支持联邦派的白人一起参政。他们希望根据这些法案，南部能够从实质上接受内战结果，支持共和党。

约翰逊对此表示反对，于是议会共和党于1868年对他进行了历史上首次总统弹劾起诉。国会众议院如果以过半数赞成通过了他犯有“叛逆罪、受贿罪以及其他重罪或者轻罪”中的一项，在最高法院首席大法官的主持下，就可以由参议院进行审判。如果三分之二以上的议员赞成弹劾则有罪弹劾成立，总统将被罢免。共和党在参议院拥有罢免总统所必需的议席数，但是因为有不少共和党议员担心这将成为改变权力分立方式的危险先例，最终弹劾以失败告终。

议会共和党所推动的激进的“国会主导的重建”存在一些副作

《第一次投票》展现通过重建法获得投票权的南部黑人的绘画作品，《哈珀周刊》，1867 年

用。战争结束当时，北部仅有东北的几个州允许黑人投票。而南部是承认黑人的参政权的，因此北部的白人开始担心这种制度会引入北部。

结果，到 19 世纪 60 年代末，共和党在联邦和州两个层级的选举中节节败退。议会共和党在 1870 年通过了宪法第十五修正案，在全国范围内禁止基于种族的选举权歧视，希望能够将这个问题非政治化。

南部的十一个州接受了南北战争之后提出的有关重建的宪法第十三、十四、十五修正案，到 1870 年都获得了回归联邦的许可。但是在南部，人们反对推动南北战争和战后重建的共和党，因此民主党成了多数派。在这个过程中，黑人和共和党支持者的投票受到阻碍。结果重建以黑人被弃置一旁、南北白人达成和解的形式落下帷幕。

1876年的总统竞选激烈，出现了史无前例的情况。民主党的塞缪尔·蒂尔顿（Samuel Tilden）虽然在普选中的得票略高于共和党的拉瑟福德·海斯（Rutherford Hayes），但是四个州的票数统计出现争议，必须由这四个州的结果决定谁获胜。国会议员和最高法院大法官共同组成特别委员会以商议对策，最终两党达成交易，即联邦军从南部撤军，以此换取海斯当选。

经过这一“1877年妥协”，在之后的一个世纪当中，民主党在南部延续一党统治的局面被称为“坚固的南部”（Solid South）。在北部占据压倒性优势的共和党和独自统治南部的民主党在全国范围内继续势均力敌地对抗。

下一章将继续探讨南北战争之后美国政党政治的整体发展。

第三章

适应现代社会
——南北战争后至 20 世纪 30 年代

1　战后秩序的探索——两大政党的对抗和来自第三党的挑战

南北战争后的社会变化与两大政党

19 世纪的美国史，以南北战争为分界线，大体可以分成“战前期”（antebellum）和“战后期”（postbellum）。战后期从 1873 年开始，除去大约每十年出现一次的经济危机之外，总体上是一个长期的经济增长期。从政治氛围上看，这一时期的特征是对政府干预的强烈排斥。美国到 19 世纪末为止的自由放任的形象多半也是来自这个时期。

因为《哈克贝利·费恩历险记》等作品而闻名的马克·吐温目睹了财政界追逐财富，以及在政策上没有本质区别的两大政党趋向腐败并为了政党利益勾心斗角的情形，在 1873 年出版的小说《镀金时代》中对这一世态进行了描绘。这个书名指出了这个时代只有表面光鲜却缺乏实际内涵的特征，作为 19 世纪 70 年代到 90 年代的通称沿用至今。

南北战争对于整个美国史来说都具有划时代的意义，对于政党政治也是如此。因为战争结束以及奴隶制被废除，共和党在建党时的目标超额完成，就此失去了目标。另一边，民主党则被打上了逆党的烙印导致发展停滞。就像辉格党因为排外主义和奴隶制在 19

世纪50年代消失一样，当时即便出现政党制的重组也不令人意外。

但是实际上民主、共和两大政党屏退了第三党的挑战，维持了它们的地位，二者构成的两大政党制一直持续到21世纪。原因有二。

第一，两大政党是拥有各种利益关系和观念的地方政党组织的联合体，本身就没有按照特定的政策方针进行统合的必要性。

第二，与民主党相比，辉格党几乎始终处于劣势地位。而第三次政党制期间的两大政党在19世纪70年代以后一直处于势均力敌的状态。因此两党都具备一定实力，足以应对新党的挑战等变化。

这一时期的两大政党中，共和党比民主党更加肯定政府的干预，无论是在主张保护关税和产业规则的经济类争议中，还是在支持酒类生产和销售限制的社会文化类争议中都是如此。不过这是就整体倾向而言，各地的政党政治家采取的立场都是符合当地支持者意愿的，因此在同一地区的两大政党的立场相似也不足为奇。

不过，两大政党的政治家们也不都是各自独立活动的。从南部重建告一段落的19世纪70年代到19世纪末，奴隶制和内战等之前的矛盾焦点已经失去了意义，这段时期正是各政党开始摸索新政体的时期。

民主党因为对战争不配合的“逆党”形象在北部跌落为少数派。因此，如何重新构建足以与共和党相抗衡的势力就成为其课题。在此过程中，在战后一段时间一度由共和党统治的南部逐渐成为民主党一党统治的天下。

包括亚洲在内的西欧以外地区的非WASP移民大量涌入美国，人们的注意力也从南北战争转移到眼前的问题上。时间的流逝使民主党处于有利地位。

与此同时，共和党中两种立场的矛盾愈来愈深：一种为重视改革的立场，认为实现了废除奴隶制的目标之后，政党应该追求代替这一目标的新改革；另外一种立场则认为应该不择手段地努力维护党的势力。以南北战争为契机，北部的产业化持续发展，共和党在北部较为强势。后者之所以会采取这样的立场，与财政界对这些共和党政治家的帮助不无相干。

共和党高喊“自由的土地、自由的劳动、自由的人”的口号，以反抗南部统治阶层的平民党形象登上历史舞台，但是在此之后逐渐增强了亲财政界的政党性质。

共和党自由派的挑战

在 1868 年总统选举当中，共和党为了挽回之前的颓势，推举南北战争的名将尤里西斯·格兰特（Ulysses Grant）为候选人，并最终取得了决定性胜利。但是格兰特执政时期，政治家和公务员的政治腐败接连暴露，在此之后，在重视改革的势力当中，自由派的主张日益加强。

这里所说的自由派是指在信赖个人理性和能力、重视个体自由的自由主义中，尤为重视摆脱政府的自由、持古典自由主义立场的一派。与之相较，今天的自由派更主张政府在政策上作出干预，以此克服市场的失败以及由此造成的贫富差距等问题。而古典自由派提倡尽量减少政府对市场的干涉，通过自由贸易和偿还战时发行的不兑现纸币，尽早回归到金本位制。

另外，这一自由派还呼吁用考绩制代替猎官制，以提高联邦政府效率并缩小政府规模。他们因格兰特没有积极推行行政改革而不满，在接下来的 1872 年的总统选举之前，自由派试图阻止格兰特的再次提名，但以失败告终。之后他们放弃将共和党改造成改革政党，而另外成立了自由共和党并加入选战。

在1872年的选举当中，除了共和党分裂之外，还出现了一个前所未闻的情况。民主党将格兰特视为对手，认为仅仅依靠自己政党的候选人无法取得最终胜利，于是在全国党代表大会当中全盘接受了自由共和党的候选人和纲领。主要政党在总统选举中原封不动地采用第三党的候选人和纲领，这在美国史中绝无仅有。

不过，自由共和党在组建的阶段更像是共和党内对格兰特政权抱有不满的势力集结，而非改革派集团。该党的总统候选人是《纽约论坛报》的编辑霍勒斯·格里利（Horace Greeley），他对自由改革毫不关心，是一位因古怪言行而闻名的人物。

格里利在第二次政党制时期隶属于辉格党，南北战争之后在共和党内也是激进派，是民主党的宿敌，因此完全不可能被民主党支持者所接受。结果格兰特以巨大优势再次当选总统。自由派除了一部分之外，都从自由共和党回归到共和党，但是其影响力已经大大削弱了。

特权的巨大存在感

如上文所述，重建期的两大政党都处于不稳定的状态。特别是共和党，在改革和维持政党势力之间不断进行博弈，其焦点之一是考绩制的导入。

当时，公务员素质低下是普遍存在的问题，但是废除猎官制就意味着政党会丧失可以分配给支持者的资源。这个时期，反对废除猎官制、试图通过与财政界建立紧密联系来强化党组织的势力被称为强权派（Stalwarts）。而重视政党繁荣的同时倾向于推进改革

共和党全国党代表大会，《哈珀周刊》，1876 年

（如提高公务员素质等）的人则被称为中间派（Half-Breeds）。

两者的竞争一直持续到 1883 年《彭德尔顿法案》通过、联邦政府引入考绩制为止。两年前，詹姆斯·加菲尔德（James Garfield）总统被未能得到政治任用而怀恨在心的共和党支持者枪击后死亡，这也成为推进跨党派立法的契机。但猎官制的改革是缓慢的，除了一部分高级官职之外，直到第一次世界大战之后考绩制才真正渗透美国社会。

不过，除了自由共和党登场的 1872 年外，每到选举期，两大政党就会各自团结起来。南北战争之后，国会众议院内的各党政党组织中也出现了为众议院议员选举出谋划策的委员会。20 世纪初期对参议院议员的选拔变为直接选举之后，同样的组织也在参议院出现，直至今日也都在发挥着重要作用。

这一时期的共和党采取的是叫做“挥舞血染的衬衫”的战术，通过选举演讲等唤起选民关于南北战争时期的记忆，充分煽动起他们的爱国心。格兰特之后，一直到 19 世纪末的共和党总统全部都具有南北战争的从军经验，这并不是偶然。与此相反，民主党强调南北的融合，宣扬内战已经成为过去。

共和党从这个时期有了别称“老大党”（这一名称“Grand Old Party”多被缩写为 GOP）。这种表达方式是为了强调是共和党将南北战争引向胜利，而这一称号到今天在媒体上依然被广泛使用。

另外，与民主党的驴相对应，共和党的吉祥物是大象，这是因为 19 世纪 70 年代讽刺画家托马斯·纳斯特（Thomas Nast）用大象来表示共和党而广为流传。

随着经济发展带来的城市化进程以及因此导致的移民流入，大城市当中的政党机器越发发达，握有巨大的权力，甚至把市政府也卷入其中。共和党在费城的政党机器和民主党在纽约的坦马尼协会（Tammany Hall）等人的活动也为人所熟知。

民主党在“坚固的南部”的统治

两大政党在北部展开激烈竞争，而参加了南方邦联的各州的情况则大不相同。

直到联邦军占领下的 19 世纪 80 年代初期为止，共和党在南部很多州都获得了解放民和联邦支持派的支持，占领了多数席位，国会当中也选出了黑人议员。但是当联邦允许南部回归后，联邦政府的监视弱化了，3K 党和步枪协会等白人至上主义团体开始妨碍共和党支持者参政。1877 年联邦军撤退前后，共和党从南部消失，民主党一党统治的局面形成。

在共和党的统治下，解放民虽然获得了各种权利，但是生活并没有得到保障。他们中的很多人被迫回到过去的主人那里，作为佃农在严苛的条件下劳动。

白人统治阶层还进一步约束了黑人的各种权利。不过，1870 年通过的宪法第十五次修正案禁止了种族选举权歧视，白人转而用一些必要条件来限制黑人行使选举权，如其祖父必须是自由人，以及缴纳人头税等。除此之外白人还会举行一些识字考试，即便黑人能够阅读也会判定他们不合格，不允许他们投票。国会在共和党的主导下虽然也尝试过一些立法，试图让联邦政府监督南部的选举，但是最终都因南部议员的抵抗而以失败告终。

黑人受到限制的不仅仅是参政权，种族隔离在包括公共交通工具、餐厅，甚至饮水场所等生活空间的各个地方全面推行，并通过总称为“吉姆·克劳法”的州法被加以制度化（吉姆·克劳这一名字来源于将脸涂黑的白人演员饰演的黑人秀所嘲弄的黑人名字）。

1896 年的“普莱西诉弗格森案”的判决中，最高法院追认了“吉姆·克劳法”。最高法院判决认为，如果面向不同种族的设施水平相同的话，那么“隔离即平等”。这一判决至今与“德雷德·斯科特诉桑福德案”并列，被认为是最高法院所下达的史上最差判决之一。

此外，虽然北部并没有像南部那样露骨地将种族隔离法律化，但是实际上也存在这种情况。虽然当时的美国是世界上民主化发展较好的地方，但是在黑人被排除于政治和社会生活之外的南部，白人的寡头政治一直持续到 20 世纪中叶。

另外，南部地区的白人对全国政党的方针也会产生影响。民主党自成立以来，选举总统候选人必须获得三分之二的赞成票，这比全国党代表大会代议员选举的过半数更加困难，这其实是为了防止选出不符合南部意愿的候选人。南北战争之后一直到 19 世纪末，虽然民主党的总统候选人都是北部出身，但实际上也都获得了南部权威的认可。

势均力敌的两大政党的竞争

由于民主党独占南部并获取了大量新移民的支持，19世纪70年代以后，两大政党在全国范围内持续对抗。共和党在州数较多的北部保持优势，在国会参议院几乎长久地占据多数席位，在总统选举中也处于有利地位。而独占南部的民主党在国会众议院当中多数时候拥有过半数的席位。

移民的流入对民主党有利，共和党则将支持自己政党的西部地区积极地升格为州，通过增加议会议席和总统选举人来与之抗衡。结果到了19世纪末，民主党只有1884和1892两年在总统选举中取得胜利，胜利者均为格罗弗·克利夫兰（Grover Cleveland）。

在1884年的总统选举当中，曾属自由派谱系的“共和党独立派”势力背叛共和党，加入到民主党一方，这对总统选举产生了很大影响。共和党独立派（Mugwumps）在原住民的语言当中指的是“酋长”，之所以这么称呼他们，其实是讽刺他们“自认为自己比所属政党还要伟大”。这次选举，在共和党独立派拥有巨大影响力的纽约州普选中，克利夫兰的得票高于共和党的詹姆斯·布莱恩（James Blaine）一千票，由此分出胜负。两党势均力敌的对抗局面由此可以窥见一斑。

在南北战争战后时期，国会内部政党间的关系也有很大变化，主要表现在权益之争导致两大政党的对立进一步扩大，众议院在审议手续上进行了重大变革。

一直以来，在众议院中，少数党可以很轻易地妨碍多数党所进

披着狮子皮的民主党（这是民主党系的媒体）驴子（中间），左边是共和党大象　托马斯·纳斯特画　第三个任期的惊慌，《哈珀周刊》，1874 年

行的议事。因为按照规则，在出席正式会议时，如在确认法定人数的时候不回复，就可以视为出席的法定人数不足。但是共和党的托马斯·里德（Thomas Reid）议长在 1890 年修改了众议院规则，让“消失的法定人数”战术失效。

在此“里德定律”引入之后，掌握了议事流程的多数党开始握有巨大的权力，可以优先审议本党议员感兴趣的法案。今天，参议院可以通过冗长辩论来妨碍议事，而众议院因为有“里德定律”的存在，其运行方式还是倾向于多数决定主义。

第三党的挑战与挫折

在南北战争之后的政党政治中，除了两大政党势均力敌的对抗之外，第三党的活跃也十分显著。前面我们已经提到从共和党中分离出的自由共和党，这个时期还有很多社会运动群体都成立了政党，向两大政党发起挑战。从历史上来看，共和党废除奴隶制的运动是其间接原因。

改革运动的指挥者中有很多是战前废除奴隶制运动的参与者。他们把共和党当做挑战了民主党、辉格党两大政党制的第三党，并完成了废除奴隶制这一大改革。在此基础上，他们认为共和党已经达成了所期望的目标但并没有乘胜进一步改革，因此其历史任务已经结束了，于是在各地组建新的第三党以取而代之。

在这些具有改革倾向的第三党当中，有禁止酒类生产和销售的“禁酒党”、引入八小时劳动等以改善工人待遇的“劳动改革党”和“联合工人党”等工人政党、为了减少农作物运送成本而提出管制铁路运费的“反垄断党”等农民政党。特别是农民政党是从被称为“格兰其”的农民工会组织发展而来，到 19 世纪 70 年代中叶的一段时间已经在中西部地区握有州议会的多数席位，同时在控制铁路方面获得成功。

“绿背党”组建于 1874 年，它以农民政党为基础，提出增印南北战争时期财务部发行的不兑现纸币（“绿背纸币”指的是为防止伪造而在纸币背面用特殊的墨印成绿色的纸币）。当时很多农民苦于债务问题，这一政党的目的就是增加通用货币量，通过形成通货膨胀来减少负债。绿背党从 19 世纪 70 年代末到 80 年代前半段，在国会参众两院加起来共获得了两位数的议席。

尽管如此，这一时期除了农民政党之外的第三党几乎没有在选举中获得过胜利。大多数选民已经对两大政党的一方抱有强烈的亲近感。另外，社会运动在组织第三党的时候，因为活动家自身对主要政党的情感偏好，以及党内因改革运动与利欲熏心的政党政治产生关联而出现厌恶感，往往在运动中就会遭遇内部的强烈反对意见。第三党即使暂时在选举中获胜，一旦到了总统选举，在两大政党面前也容易显得黯然失色。

选举中最让第三党感到头疼的是两大政党的弹性构造。比如禁酒党主张禁止生产和销售酒类，这一主张在东北部获得了广泛的支持。但是这个地区的共和党也积极地提出了同样的政策，这导致禁酒党在最应获得支持的地区的票数被共和党抢走了。两大政党的弹性构造作为维系两大政党制度的一种机制在此发挥出了作用。

不过，即使第三党无法在选举中获胜，在两大政党势均力敌的地区，他们也因手握决定票而表现出了存在感。正如前文所述，在1884年的总统选举中，民主党在纽约州超过共和党大约一千票，取得了决定性的胜利。但是在同一州，禁酒党的候选人获得了两万五千票，大大超过了民主党。因为禁酒党和共和党的支持阶层是重合的，因此如果禁酒党没有确立候选人的话，共和党的布莱恩就有很大可能取得胜利。

历史学家理查德·霍夫施塔特（Richard Hofstadter）曾指出："第三党就像蜜蜂一样，把刺拔出来就死掉了。"第三党虽然得票不多，但是因为两大政党势均力敌，所以二者都对第三党的动向颇为关注。第三党所提出的主张屡屡被两大政党借用，也是基于这个原因。到19世纪末，政党制实现了重组。

2 进步主义的政治——两大政党的“正式制度”化

来自人民党的挑战

19 世纪末，夹杂着第三党在内的两大政党势均力敌的对抗局面出现了变数。

南北战争之后，美国的重工业和金融发展迅速，经济不断增长，到世纪末时工业生产量已经超越英国，成为世界第一。与此同时，贫富差距进一步拉大，又缺少承担着经济掌舵人角色的中央银行，因此从 1873 年以后几乎每十年都会遭遇一次经济危机。

农民的问题尤为严重。农业的机械化导致收成量增加，农作物价格下降，再加上购入机器时的负债，让农民陷入困境。此外，在将农作物运送往市场的过程中，因为铁路完全不受管制，他们还要另外缴纳高额的运费。对此，农民认为政治上完全没有制约资本家的残暴行为的对策，这也导致他们对财政界精英的不满进一步加剧。

农民格外关注的问题是通用货币量不足这一点。在当时金本位制的前提下，全国所发行的纸币总量是有限制的，而且发行纸币的银行集中于东北部和中西部的城市地区，因此通货膨胀并没有实现。农民的债务负担不仅没有减轻，还要面对收获期交易农产品时缺少货币的问题。

绿背党的活动停滞之后，在两大政党框架内活动的农民运动以19世纪80年代末的农民互助组织“农民联盟”（Farmers’ Alliance）为基础，展开了第三党运动。1890年在联邦众议院议员选举和州级别的选举中取得一定成果之后，该党开始联合劳工运动和禁酒运动等多种多样的改革运动，以全国性政党为目标发展。这个被命名为“人民党”（People’s Party）的政党的目的是从财政界的精英手里夺回权力并还之于民，其名称也是今天广为人知的“民粹主义”（populism）的词源之一。

人民党在以农业为主要产业的西部和南部等地区受到欢迎。其最大的主张就是要通过铸造银币来实现通货膨胀。绿背党虽然提出过增印不兑现纸币，但是从常识来讲，通用货币是要靠金和银等贵金属的主币（本位货币）来保证的，因此绿背党未能获得更广泛的支持。而人民党则将银和金并列为本位货币，通过金银复本位制来增加通用货币发行量。

实际上在美国，到1873年为止，白银都是和黄金并列为本位货币的。因此人民党的这一主张在国内获得了越来越多的支持。该党在1892年的选举中为国会众议院输送了两位数的议员，在总统选举中也在六个州获得了选举人票。而民主党则因为1893年开始的经济危机被追责，被迫退居守势。这也导致了之后整个政党制的重组。

共和党成为多数党

在接下来的1896年的总统选举中，在南部和人民党竞争的民主党采纳了人民党的主张，支持铸造银币，并将总统候选人定为威廉·詹宁斯·布赖恩（William Jennings Bryan）。布赖恩来自西部的内布拉斯加州，曾在全国党代表大会中呼吁“不能将人类钉在金十字架上”，攻击金本位制。正如布赖恩语言表述中强烈的宗教色彩一样，民主党强调了基于基督教的社会传统的重要性，以及为了守护农业而进行的关税下调政策，针对农民进行了深入的宣传。

人民党自己的主张被民主党抢走后，经讨论决定提名布赖恩为总统候选人，不过同时将自己党内的托马斯·沃森（Thomas Watson）作为独立候选人列为副总统候选人，以此来维持存在感。

共和党则将威廉·麦金利（William Mckinley）确立为总统候选人。麦金利曾参加南北战争，历任联邦众议院议员和艾奥瓦州州长。他强调通过发展工业、金融与欧洲列强竞争的重要性，不断重申以往坚持保护性关税和作为国际标准的金本位制的主张，以此来获取财政界和城市居民的支持。

结果，这一年的选举以共和党的压倒性胜利告终。人民党解体，很多支持者转向了民主党。这次选举之后，共和党掌控了东西海沿岸和中西部的城市地区，而民主党则控制了南部和西部内陆地区的农村区域（参照终章图表 6-1）。这个时期，西进运动已经告一段落，城市人口超过了农村人口，这些都为共和党的优势地位奠定了基础。

这次新的政党制被称为第四政党制，一直持续到 20 世纪 20 年代末，其特征是得到财政界和城市居民支持的共和党处于优势地位。

进步主义时代拉开帷幕

虽然人民党败北了，但是从 19 世纪末开始，针对政治和经济的运行方式的各种批评之声日益高涨，发挥了很大的影响力，很多重要的改革都因此而实现。

19世纪后半期，随着自然、社会科学的发展，大学等研究机构和学会也不断完备。以接受过高等教育的中产阶级为核心，人们对智力和理性的信赖日益增强，将各种专业知识灵活运用于社会变革的机会也越来越多。

抱有这种想法并在各个行业中活跃的人将自己称为“进步主义者”（progressives）。进步主义者认为要解决社会的各种问题离不开政府的力量，这些想法被后来的自由主义所继承。他们的主张虽然并不是系统化的思想和意识形态，但被总称为“进步主义”（progressivism）。从其发挥影响力的19世纪末到美国参加第一次世界大战之间的时期被称为“进步主义时代”。

进步主义者的先驱是被称为“耙粪者”（muckraker，清扫污物的人）的记者和各种社会改革运动的活动家，其中记者希望通过调查报道来暴露社会和经济的黑暗面。进步主义不久之后也渗透进政党政治，在两大政党的各个方面发挥了作用。另外在中西部地区，农民和工人运动与作为少数党的民主党进步主义者合作，组成了第三党，在明尼苏达州等地一度成为了多数党。

进步主义者的影响始于一些地方层面的变革，如解决贫困和公众卫生等城市问题，后来逐渐波及州和联邦。另外进步主义者认为两大政党都只顾着追求党的利益而不顾国家政策，因此试图进行一些政治改革，让政党政治以外的主体发挥更大的作用。这些改革中含有不少与政党和选举相关的重要内容，在很大程度上规定了此后政党政治的运行方式。

统治机构改革和民主化改革

接下来我们具体了解一下改革的内容。第一点是强化专家和选民在政策形成过程中的影响力。

关于专家的改革内容，一方面在城市层级排除政党机器，另一方面则是引入城市经理制度（City Manager）。这是考虑到城市的经营并不适合政党政治，所以由市议会任命城市经营专家代替市长作为行政责任者。现在，美国全国城市中大约有半数还在采用这个制度。另外我们将会看到州和联邦层级一直在推动行政国家化，给予具有专业知识的行政机构官僚很大的裁量权限，让他们执行规章制度和政策。

与之相对，城市和州则引入了所谓的直接民主主义制度，让更多公民参与到政策的形成过程中去。这项制度中广为人知的内容有：如果有一定数量的公民进行申诉，即可对立法和条例进行正式提案；同样通过申诉，可以提案撤换现职公务员，并通过居民投票决定是否将其罢免；此外还有议会发起政策提案之后，由居民投票决定是否采用的全民投票制度。时至今日，几乎所有的州都存在这样的制度。

第二点是有关选举的民主化改革。因联邦的选举规则大多是由州决定的，因此这一改革影响极大。

首先，联邦参议院议员由州议会选出改为选民直接选举选出。在此之前人们批评州议会选出议员流程不够民主，因此一部分州已经出现了一些新的动向，如各党向州议会推选候选人时会在党内先进行预选来决定。1892年，人民党在全国政党纲领中提出了实行直接选举。

进步主义者继承了这一潮流，1907年在俄勒冈州首次采用了直接选举。之后多数州纷纷跟进，还提出应修改《联邦宪法》。1913年通过的宪法第十七修正案就将联邦参议院议员选举在全国范围内改为直接选举。

其次是引入了匿名投票制。如前所述，此前选民都是在公众面前用政党准备好的投票纸进行投票的。而引入匿名投票制之后，这种情况得以改变，投票人在政府制作的投票纸上从候选人当中进行选择，并以不被他人窥视的形式进行投票。从19世纪80年代下半叶开始，这种形式在各地推广后应用范围迅速扩大，到1892年已经扩展到七成以上的州，而到了1916年，除了两个州之外已经覆盖了其他全部州。这种形式因为其发源地而被命名为“澳大利亚式”，选民向支持政党提出异议也因此变得更加容易。

美国独特的选举制度改革

但是，从间接选举到直接选举的变化和匿名投票制的引入，在其他国家也是普遍存在的。接下来介绍的两种选举制度改革，尽管美国并不是其唯一执行国，但也是相当独特的。

第一是选民登记制度的引入。向州或者地方政府进行事前登记成为投票的必要条件。这一制度从19世纪90年代开始在各地实施，到20世纪最初十年已经普及大半数州了。

截至本书执笔期间，除了明尼苏达州以外的所有州都存在着某种形式的选民登记制度。今天，美国的总统选举投票率大概在六成左右，在发达国家里并不算很高。但是根据人口调查局的数据，2016年11月节点的全国选民登记率大概是七成。也就是说，注册用户大多数都进行了投票。

选民登记花费的工夫明显会降低投票率。想要扩大公民参与政治范围的进步主义者却推进了一些看似与此相悖、增加投票难度的改革，但也是有其理由的。很多选民，比如刚刚来到美国的移民，会受到政党的煽动影响而投票，这是一个需要重视的问题。特别是在19世纪末下半叶激增的中东欧和俄罗斯的“新移民”中有很多不懂英语的人，以及信天主教和东正教等非新教徒。进步主义者担心他们并不能适应美国社会。

进步主义者认为参加政治需要具备最低限度的智力和知识。如果采用事前登记制的话，一般来说只有具备资格者才能进行投票。进步主义者是今天自由派的先驱政治势力。自由派重视克服种族和性别歧视，而南部的进步主义者则支持种族隔离，由此可见进步主义者当中也有很多人对于歧视问题是漠不关心的。

第二个改革是引入直接预选制。序章中已提到，各政党确定参加正式选举的候选人的方式由之前的党代表大会变更为州政府所实施的预选。从19世纪下半叶开始，在宾夕法尼亚州等地曾有政党独立举行过预选。但进步主义者推行的是由州政府管理的预选，这一制度自1904年在威斯康星州采用之后迅速推广到全国。

在此之后，不管是联邦还是州，选举产生的公职几乎都成了预选的对象。有很多州在进行选民登记的时候还会询问选民在哪个政党的预选中投票，这项登记可以当做支持政党的证据。

什么样的人有资格投票等预选的形式是由各州自行决定的，因此方式也极为多样。总统选举的预选在20世纪20年代以后一度式微，到了70年代又再次恢复，而后拓展到全国（参照第四章图表4-1）

在一党统治的南部，民主党的预选比起之后的正式选举更具有实质意义。但很多州的预选投票参加者还是仅限于白人选民，这种状况一直持续到1944年最高法院判决其违宪。

两大政党为什么要接受选举制度改革

至此所述的一连串选举制度改革在此之后得到落实，甚至可以说在进步主义时代，支撑现代政党政治的制度已经完备。但是两大政党的政治家们为什么要接受进步主义者所提倡的削弱政党政治家权力的改革呢？特别是选举候选人的确定对于政党领导者来说关乎其控制党内事务的重要权力，可谓生死攸关。从20世纪末开始采用预选制度的国家逐渐增加，但是其未必都是由政府实施的。

实际上，这一连串制度改革对两大政党的政治家也是有好处的。匿名投票制和直接预选制将两大政党编入了正式的政治制度，有助于其将第三党排除在选举之外。

由政府来管理投票纸之后，投票纸的尺寸就有了固定限制，这就需要控制票面上列出的候选人数量。在州议会担任立法工作的议员几乎都属于两大政党，如果是在上次选举中获得一定数量票数的政党以外的候选人参加竞选，则必须要在选举前收集一定数量的签名，这是必要条件。

比起党代表大会制度，直接预选制对于两大政党当权派的政治家更加有利。在党代表大会，有时候党内的少数派会暗中给代议员们做工作，让预料之外的候选人当选，爆出冷门。而多数派的政治家则会期待自己所推选的候选人在预选中顺利取得胜利。另外在预选中，党组织能够在一定程度上干预选战，比如表明对特定候选人的支持等。

直接预选制和匿名投票制的组合，对此前出现过的第三党起了长期的抑制作用。事实上谁都可以参加预选竞选，因此比起组织第三政党，通过支持群体重合的主要政党的预选参加竞选的方式获胜的希望更大一些。整个20世纪，社会运动和利益群体越来越倾向于通过两大政党来实现政策，包括参加预选。

从长期来看，这些制度的变更让政党政治的存在方式发生了巨大的改变。特别是直接预选制度一方面使民主共和两党的存在变成既定前提，另一方面让外部的主体更容易加入其中。在此之后，美国政治中的政党制形式变化不再是 19 世纪中叶之前那种主要政党交替，而是支持主要政党的势力发生变化。

基于进步主义的各种改革并不是在所有的州都同步调进行的，而是以部分州先行，其他州模仿跟进的形式，逐渐推广开来。

其中，位于中西部的威斯康星州起到了引领作用。在 1901 年就任的共和党州长罗伯特·拉·福莱特（Robert La Follette）的领导下，该党的进步主义者发挥出了作用，除了管制铁路和保护工人权利之外，还推行了一些选举制度的改革，如联邦参议院议员的直接选举和直接预选制度。福莱特是 1906 年当选为联邦参议院议员的，他在联邦层级的进步主义改革中发挥了巨大作用。

3 现代政党政治的到来与新政

联邦层级的进步主义改革

与地方和州层级相比，联邦层级的政治中各党守旧派的影响力更大。他们重视政党利益，反对进步主义者提出的改革。在1900年的总统选举中，两大政党中的进步主义者都没能选出候选人，麦金利和布赖恩的再战就是这一现象的反映。

不过，共和党在这一年将西奥多·罗斯福定为副总统候选人，希望能够获得党内外进步主义者的支持。他在1898年的对西班牙战争中曾率领骑兵队，受到了全民欢迎，之后担任纽约州州长推行进步主义改革。连任的麦金利在1901年9月被无政府主义者暗杀，罗斯福以42岁之龄从副总统升格为总统，成为美国历史上最年轻的总统，进步主义者坐上了权力的宝座。

西奥多·罗斯福

19世纪“政党时代”的总统往往从属于所属政党的领导人，而罗斯福则积极试图将政策形成的主导权掌握在自己手里。他不顾那些重视与财政界关联的守旧派的反对，提出了不给大企业优待的“公平交易”的口号。他强化了铁道运费管制，并通过1890年的《谢尔曼反托拉斯法》取缔了很多妨碍公平交易的企业联合行为，受到了广大民众的欢迎，从而在1904年的总统选举中取得胜利。

在接下来的1908年总统选举中，罗斯福认为长期政权是不受欢迎的，因此决定引退，并推选威廉·霍华德·塔夫脱（William Howard Taft）为继任人。塔夫脱当选并就任总统之后，罗斯福前往非洲开始了捕兽之旅。但是当他看到塔夫脱政权向守旧派妥协，进步主义改革停滞之后，为了阻止塔夫脱的连任，他于1912年自告奋勇参加了共和党候选人提名。

拥有较高大众人气的罗斯福在部分州取得了胜利，这些州大都是代议员在全国党代表大会上通过预选选出支持的总统候选人。但结果还是党领导人支持的塔夫脱获得了再次提名。之后罗斯福成立"进步党"，成为其总统候选人。

另一方面，民主党为了拉拢进步主义者，改变从19世纪末开始的颓势，拥立了政治学者伍德罗·威尔逊。伍德罗·威尔逊曾经是普林斯顿大学的校长，后来成为新泽西州州长，因其进步主义者身份获得了支持。他出生于弗吉尼亚州，成为南北战争后第一位南部出身的民主党总统候选人。

三足鼎立的1912年总统选举实际上成为罗斯福和威尔逊的对决。因为共和党的支持票分给了塔夫脱和罗斯福，所以威尔逊虽然在普选中只取得了不到42%的票，但是在总统选举人投票中以压倒性多数取得胜利。这是民主党时隔二十年之后的胜利。

进步党与社会党

虽然罗斯福失败了，但是进步党在1912年联邦和州级的选举中普遍都推举了候选人，在国会参议院和众议院当中分别有一人和十人当选议员，进步党作为第三党取得了巨大的成果。在接下来的1914年选举当中，进步党有五人入选国会众议院，为下文将介绍的进步主义改革作出了贡献。

但是罗斯福在1916年支持共和党，拒绝了进步党的再次提名，之后进步党走向解体，很多政治家又重返共和党。20世纪以后，有很多未能获得主要政党总统候选人提名的政治家以个人政党的形式组建了第三党，进步党可以说是这一形式的先驱。

在1912年的总统选举中，另外一个第三党也颇受瞩目。美国社会党的尤金·德布斯（Eugene Debs）第三次参加竞选，在普选当中获得了6%的投票。南北战争之后，以劳动骑士团为代表的工人工会组织不断发展，在劳动争议不断扩大的19世纪80年代，他们甚至尝试成立了政党。虽说要拉拢已经对两大政党具有深厚情感的工人并不容易，但是在制造业比较发达的地区，他们也曾在市长选举等地方层级的选举中获得过胜利。1902年，这些工人运动家和社会主义者同一部分的进步主义者一起共同组成了美国社会党。不过其党内成员和支持者并不是都具有社会主义思想的。

美国社会党在威斯康星州的密尔沃基具有一定的人气，1910年维克多·博格（Victor Berger）成为该党第一个当选联邦众议员的人，因此引起了世人的注意。正如后来的“下水道社会主义”这一称呼表达的那样，因为人们对其改善工人和农民的境遇问题、整顿通货膨胀等城市问题有期待，所以该党获得了广泛的支持。

在美国，社会主义和社会主义政党人气较低，这一现象即便在发达国家也是比较特殊的。有人指出，造成这一现象的原因是早期（白人男子）实现了普选，工人也被两大政党拉拢，社会主义的发展阶段理论并不适用于美国。

威尔逊政权和进步主义时代的终结

在威尔逊政权之下，联邦层级的进步主义改革以行政国家化的形式达到了最高峰。美国行政机构的特征是除了国务院和财政部这种普通行政机构之外，独立管制委员会制度也很发达。独立管制委员会由多个委员组成，被赋予了重大的裁决权，可以自主地执行重要管制政策。

W. 威尔逊

联邦政府最早的独立管制委员会是1887 年为了管制铁路运费而设立的州际商务委员会。1913 年第二合众国银行以来的中央银行制度是由联邦储备制度委员会和各个地区的联邦储备银行构成的联邦储备制度，威尔逊在 1914 年通过立法成立了推行禁止垄断政策的独立管制委员会，并先后设置了多个重要的独立管制委员会。民主党在国会也久违地占据了多数席位，积极协助来自自己政党的总统。

在提倡政治中立的独立管制委员会当中，根据设置法，多数情况下一个政党可以任命的委员数最高不能超过定员的半数。这实际上意味着共和党和民主党可以输送几乎相同数量的委员。两大政党的均衡被视为政治的中立化，这一点也被法制化，由此能够看出两大政党制的制度化是如何发展的。

1914 年 8 月，以欧洲为舞台的第一次世界大战爆发之后，威尔逊表明了中立的立场，并在 1916 年的总统选举中将此宣传为自己的业绩从而获得连任。但是，威尔逊实际上已经下定决心跟随协约国一方参战了，一方面因为在此之前美国人已经在大西洋上成为德国海军进攻的牺牲品，另外一方面，他还有对战后的媾和施以影响的目的。1917 年 4 月，宣战联合决议在议会中获得了超党派的压倒性支持。

到第二年战争结束为止，美国国内成立了以战时产业局为代表的新行政机构，并且通过发行大量国债进行全方位的动员。这个时期进一步的行政国家化成为应对 1929 年开始的经济危机的重要先例。但第一次世界大战之后，进步主义的气势已经丧失殆尽，共和党的优势地位恢复，这也成为第四次政党制的特征。

在 1920 年的总统选举当中，共和党的沃伦·哈丁（Warren Harding）因为提出了“回归常态”从而当选。哈丁以及他的继任人卡尔文·柯立芝（Calvin Coolidge）都是守旧派。柯立芝在哈丁于 1923 年病死之后继承政权，并于 1924 年的总统选举中获得胜利。因为经济持续繁荣，他们对政府的参与保持克制态度，与进步主义形成鲜明对比。

鉴于经济向好，城市氛围较为开放，出现了被称为“随意女郎”（flapper）的、个性奔放的年轻女性，从南部移居到北部的黑人音乐等文化也获得了发展。但是社会整体还是较为保守的。1917 年苏俄建立之后，威尔逊政权加强了对社会主义者和无政府主义者的管制，还加强了对工人运动的压制。1924 年，美国通过了移民法，禁止亚洲移民，并且大幅限制从中东欧来的移民。在此期间引入了按出生国家分配移民数的制度，这项制度一直持续到 1965 年。

选民的政治分离和政党分离

经历了政党政治家被攻击的进步主义时代，“政党时代”迎来终结，人们逐渐远离政党与政治。这是受到前文所述选民登记和预选等制度变化的重大影响。选民登记制度增加了投票的手续，导致了投票率降低。另外在这段时间中，随着考绩制的引入，政党能分配给支持者的资源和政党在选举中可以运用的资源都不断减少。

直到19世纪末，总统选举的投票率常超过八成，但是到20世纪20年代中叶这一数据已经跌落到大约50%。19世纪末以后，从西部开始，参政权逐步扩大到女性，到1920年《联邦宪法》第十九修正案通过之后，女性的参政权在全国范围内得到承认。但是不习惯投票的阶层的加入会暂时拉低投票率。第四次政党制期间共和党明显的优势地位也削弱了人们的投票欲望。除了这些个别原因之外，下面谈到的政党政治整体变化也有很大影响。

两大政党的选举策略发生了变化，从19世纪末的那种一味鼓舞选民爱党心的做法，转变为重视候选人的实绩和能力，以及重视对政策方针的“教育与宣传”。19世纪下半叶开始，民主党率先进行了这种改变，其目的是为了在总统选举中克服劣势，而后受到了企业市场营销理念的影响，这种变化逐渐扩散开来。伴随其发生和发展，过去被视为忌讳的总统候选人自身出场的竞选也拉开帷幕。

此外，之前的报纸会将党派性放在首位，现在随着广告收入比重的增加，报纸对于政党组织的依赖性减弱了。同时为了扩大购买层和读者层，它们也改变了报道模式，将意见的表达限定为社论，类似于今天的客观报道。竞选和媒体的变化让选民不会仅因对支持政党抱有亲近感就为其投票，也会仔细琢磨党和候选人的政策方针等。

在今天，以客观报道和“教育与宣传”为手段的竞选已经成为一种理所当然的常态。但是，选民对每个政治家及其立场进行把握和比较既劳心费力也颇为无趣，这就导致了从20世纪初开始选民与政治分离、与政党分离的局面。

政党制重组的先兆与经济危机

其实这段时间，已经出现了政党制变化的征兆。虽然20世纪20年代美国经济空前繁荣，但是贫富差距扩大，技术革新造成的大量生产导致了供给量大幅增加，而消费能力却未能紧随其后。此前一直支持共和党的很多工人因为较低的工资以及工会活动受到压制而越发不满。民主党此前的支持阶层一直是农民，此时则包括已经减少到只占劳动人口大概四分之一的农民和城市地区的工人。

自1896年的布赖恩之后，民主党总统候选人大多来自农村地区。1928年，来自纽约市的州长阿尔·史密斯（Al Smith）被选为总统候选人则反映了变化的发生。史密斯同时还是两大政党中第一位天主教总统候选人。但是他最后以很大的差距败给了共和党的赫伯特·胡佛（Herbert Hoover）。

胜利的胡佛面临很大的考验。1929年10月，股市暴跌引发了经济危机。第一次世界大战之后，世界经济对美国十分依赖，因此此时不仅是美国，整个世界都陷入了经济危机之中。

国会将危机的原因归为在大战中疲软的欧洲经济，同时期待着割断与欧洲经济联系之后的经济复苏，因此在1930年不顾胡佛总统的反对，在《斯穆特-霍利关税法》中制定了历史最高水平的关税。在报复性关税的作用下，世界贸易额到1933年锐减到危机前的大约三分之一。

虽然胡佛经常因为对经济危机毫无建树而受到批评，但是他是国际派和进步主义者，第一次世界大战期间就开始致力复兴欧洲。大战之后，他先后在两位共和党总统政权下担任过商务部部长，本应该是处理这种非常事态的不二人选。

胡佛在经济危机最开始时重视民生，但之后又大幅增加了公共支出，进行公共设施建设等。他在1932年主导了大胆的财政金融政策，如设置复兴金融公司等，还对州和地方政府进行财政支援，对银行和企业进行大规模的融资。包括复兴金融公司在内的一系列应对经济危机的政策大多都被下一届政府继承。

但是，即便是这些在当时来说已经非常大胆的对策也无法阻止经济危机的恶化。1932年失业率高达近25%，工业生产也下降到经济危机前的近一半，国民认为这些都是胡佛的责任。在这一年的总统选举当中，共和党虽然再次提名胡佛，但是他认为几无胜算，因此几乎没有参加任何选举活动。

另外一方面，民主党则拥立了阿尔·史密斯的下一任纽约州州长富兰克林·D. 罗斯福（西奥多·罗斯福的远亲），他因为成立维持就业的行政委员会等积极应对危机的政策而受到瞩目。

F. D. 罗斯福和罗斯福新政

罗斯福作为主要政党的总统候选人在全国党代表大会当中发表了史上首次接受候选提名的演讲。他在演讲中表明了将让一切重新出发的“罗斯福新政”，承诺要制定对策，全面应对经济危机。在这个节点上，他的对策方案其实还没有具体化，但因为人们对胡佛政权感到不满，罗斯福在普选中获得了57%的得票，在除去东北部六州的四十二州取得了胜利。

不过，总统的就任日是第二年的3月4日，在罗斯福当选之前近四个月的时间里，他只能眼睁睁地看着经济危机进一步恶化。这次经历之后，美国再一次修正了宪法，自次届总统选举的1937年起，总统就任时间改为1月20日。在此次宪法第二十修正案当中，新的国会开设日期也由之前的奇数年的12月大幅提前到1月。

始于1933年3月的罗斯福政权先是暂时关停了全国的银行，又根据各银行的经营实力进行了重启，也采取了比此前的胡佛政权更大规模的财政刺激政策，随后又对民主党占据了两院多数席位的议会进行动员，接连不断地实施了大胆的政策。

在应对失业政策方面，不仅对工人进行就业再教育和介绍工作岗位，政府还直接大规模雇用了工人。根据1933年的《全国工业复兴法》和《农业调整法》，各个行业都进行了生产调整，试图通过保住商品和农作物的价格底线来达到恢复经济的目标。另外在1934年设立了证券交易委员会等用以强化管制，防止不负责任的金融交易发生。

罗斯福的第一次“炉边谈话”，1933年3月12日

罗斯福还开设了名为“炉边谈话”的广播节目，以在客厅聊天的方式向国民进行广播，以此拂去人们的不安。他就任的时候经济状况曾经一度跌落谷底，通过这一系列的对策，经济状况开始好转。罗斯福政权主导的应对经济危机的政策被统称为罗斯福新政，这一新政持续到1938年左右，这段时期被称为“新政时期”。

罗斯福新政与胡佛政权应对经济危机的对策无论规模上还是质量上都有很大不同。各个行业所进行的生产调整可以说是一种合谋，一般情况下是不被认可的。但在此期间，作为认可财政界的这些对策的补偿，工人的结社权和团体交涉权等权利也得到了承认。政府于1935年设立了全国劳工关系委员会对这些权利进行保障。自此，工会的组织率大幅提升。在同年的保障法当中，除了老年人和残疾人的保障金之外，还把对有子女的贫困家庭的金钱援助写入条款当中。

通过这些政策，联邦政府不仅承担了规制国家（Regulatory State）的角色，为了经济顺利运转而进行监视和管制，还承担起一些真正福利国家的职能，给人们最低限生活保障。当时的最高法院中的法官多数是被共和党的总统任命的，尽管最高法院曾一度判决新政违宪，但是1937年之后将判决改为合宪，这被称为“宪法革命”。

“新政联盟”的成立——民主党成为多数党

罗斯福在1936年的总统选举当中，在普选时获得了60%的选票，在除了两个州之外的全部州获得胜利，再次当选总统。民主党强化了农民、工人、黑人、城市住民等新政受益者的支持。除此之外，南部虽然对联邦政府扩大职能持批判态度，但是基于南北战争以来反对共和党的情感，也一直支持民主党。这些支持阶层的合并形成了民主党的新支持阶层，被称为“新政联盟”。

共和党因为与财政界的联系而给人留下了没能提出合适的政策应对经济危机的印象，沦落为少数派。从新政实施以后到民主党稳定占据多数席位的20世纪60年代前后的政党制被称为第五次政党制。

同期也出现了针对新政的反对意见。共和党以及南部的民主党政治家攻击联邦政府的规模和作用的大幅扩大是社会主义性质的。罗斯福在1938年国会选举时为了肃清对政权没有帮助的民主党议员而介入了预选的选举战，但以失败告终。但是，反对派也认为需要新政带来的收益来恢复当地经济，因此这个时期的抵抗是有限度的。

在美国经济逐渐恢复的这段时期，海外德国的纳粹主义等极权主义开始肆虐，1939年第二次世界大战爆发。美国舆论认为欧洲并没有吸取上一次大战的悲惨教训，因此倍感沮丧，孤立主义盛行。罗斯福认为美国应该积极对抗轴心国，决定继续掌握政权。他打破了乔治·华盛顿以来总统只能连任两期即退位的不成文规定，参加了1940年的总统选举并再次取得胜利。

罗斯福政权对同盟国所进行的支援及为了参战而进行的强化动员受到了共和党的责难，认为其具有独裁性质。但是1941年12月之后因为日本对珍珠港的攻击，形势发生了变化。国会迅速通过了对日宣战的决议，反对的只有和平主义者、众议院议员珍妮特·兰金（Jeannette Rankin）。她是史上第一位女性国会议员，对第一次世界大战的宣战决议也投了反对票。几天后对德国以及对意大利宣战，兰金弃权，全体一致通过。

由此可见，罗斯福政权是在超党派的支持下推动了战争的。尽管付出了大大高于第一次世界大战时的牺牲，但罗斯福还是在 1944 年的总统选举中获得了第四次连任，带领美国结束了战争。

第四章

自由派处于优势的时代
——二战后至 20 世纪 70 年代

1　具有多样性的两大政党的竞争与合作

战后政党政治的特征

第二次世界大战后半个世纪，美国政党政治在前半阶段和后半阶段的发展形成了鲜明的对比。前半期以多数派的民主党为中心，罗斯福等新政功臣们的自由主义理念及支持这些政策的自由主义者们具有巨大的影响力，甚至达成了自由主义共识。

这种自由主义是自由主义流派中的一种。它既与之前占统治地位的古典自由主义一样尊重个人的自由和多种价值观，又认为像贫富阶层的固化和收入差距的扩大化，以及经济不振和经济危机等“市场失灵”这些问题是无法通过个人的努力获得解决的，因此认可政府在解决这些问题时的介入——就这一点而言，它是一种全新的观点。第二次世界大战之后，自由主义不仅对经济问题的争议产生了影响，而且对克服种族和性别歧视等社会文化方面的争议也产生了较大影响。

而20世纪70年代以后的后半阶段，基于自由主义的政策遇到了瓶颈。在经济和社会文化两方面反对自由主义的保守势力与共和党结合在一起，开始掌握该党的主导权。20世纪90年代，意识形态上对立的两大政党进入了在全国势均力敌对抗的阶段。本章讨论的是到两大政党开始极化的20世纪70年代前的情况。

在观察政党政治时要注意的是，经过新政之后，联邦政府，特别是总统的政治定位有了很大改变。

在 19 世纪的“政党时代”，除了林肯等例外的情况，很少有总统掌握政策上的主导权。进入 20 世纪之后，虽然也出现过像西奥多·罗斯福和威尔逊这种追求独立政策课题的总统，但是并非所有总统都是如此。

然而自经济危机之后，由联邦政府来应对国内的社会经济问题已被视作理所当然，政府也掌握了必要的权力，同时人们也期待总统能够积极地提出施政方针和政策方案。1939 年设置的总统行政办公厅成为总统的左膀右臂，辅助总统进行决策。20 世纪 20 年代收音机得到普及，50 年代之后电视机普及，总统可以直接面向国民进行动员其可以利用的手段也进一步得到充实。

另外一方面，总统的权力并没有增加，所以并不能够随意左右政治。但是第二次世界大战之后，总统作为政治“领头人”逐渐具备了比以往任何时期都更巨大的影响力。

自由主义的渗透

1945 年 4 月，大战终结已近在咫尺，在前一年的总统选举中胜利、刚刚进入第四任期的富兰克林·罗斯福总统却没能等到这一刻就去世了。他基于自由主义的施政方针被他的下一任——从副总统直接升任总统的哈里·杜鲁门（Harry Truman）继承。

罗斯福在 1944 年 1 月的国情咨文演讲中提出了自己的方针。总统每年都会通过国情咨文演讲向议会报告美国现状，明确施政方针。他在此次演讲中提出，应该保障国民追求幸福所必不可少的权利，如教育、劳动、福利和养老金等。罗斯福将其命名为《第二权利法案》，并敦促国会尽快实施这一方案。

杜鲁门成为总统之后，在战争刚刚结束的1945年9月举行的国会演讲中提出了二十一点政策。这是基于罗斯福构想形成的，将战后复兴和国力增强融为一体的政策。他在总统选举胜利的第二年即1949年1月，在国情咨文演讲中正式提出了将这些构想整理发展之后的“公平施政”（Fair Deal），其中包含了赋予联邦政府新职责的政策，如实现全民保险、推进教育发展、纠正对黑人投票权的歧视等。

但是，除了提高最低工资和扩大住宅供给之外，这些野心勃勃的政策法案几乎都没有实现。从第二年即1950年开始，朝鲜战争爆发，政策实施的优先顺序也有所改变，但是结构上的主要原因是南部的抵抗。

民主党内的南北摩擦

在民主党内部，自由派在北部占有压倒性优势，南部在新政之后也开始持续反对联邦政府扩大职责。在国会中，共和党和南部的民主党议员联手逼迫修正或者废除自由主义内容的法案，影响日益显著，他们因此被称为“保守联盟”。

南部选出的民主党议员虽然在党内是少数派，但是能够发挥巨大的影响力。进入20世纪之后，在国会法案审议中心的委员会中，各政党根据委员连续在任时长给予前一任委员较高地位的制度（前任优先制）基本固定下来。因为南部是民主党一党统治的，因此所选议员的在职期比较长，拥有较大权力的委员长职务多被南部民主党议员占据。

罗斯福曾经试图抑制党内的南部影响力。1936年，他废除了全国党代表大会中选出总统候选人时需三分之二赞成的规则，成功改为过半数即可。基于此，南部的抵抗变得非常困难。但是正如我们前面所看到的那样，1938年虽然他曾经尝试在预选中击退以南部为中心的保守派民主党议员，但是以失败告终。民主党内北部的自由派和南部的保守派相互对立，彼此不满。

1948年的总统选举象征了民主党内的紧张关系。杜鲁门成功获得候选提名，失败了的南卡罗来纳州的斯特罗姆·瑟蒙德（Strom Thurmond）和原罗斯福的副总统、自由主义左翼的亨利·华莱士（Henry Wallace）分别组建了州权民主党（通称“迪克西民主党”）和进步党。因为瑟蒙德控制了南部四州，杜鲁门仅以微弱优势取得胜利，一部分媒体甚至误报道共和党候选人托马斯·杜威（Thomas Dewey）当选。

如前所述，在民主党党内，有几股在政策上互不相容的势力针锋相对。但是当时，与共和党相比，他们还是具有压倒性优势的。正如后文图表4-3所示，在民众的政党好感度（支持度）调查中，对民主党的支持在战后进一步增加。到1960年左右，大约半数被调查对象对民主党有好感，大约三成偏向共和党，民主党的支持率达到了整个20世纪的顶点。

从本书最后附录部分展示的议席分布统计可以看出，从第二次世界大战到20世纪80年代，共和党在国会的两院中手握多数席位的情况只有两次，集中于20世纪50年代前半期。虽然共和党在总统选举中也曾经取得胜利，但仅限于候选人非常有魅力或者民主党实力较弱的时期。

两大政党间意识形态的重合

从新政开始到20世纪50年代左右，联邦政府内部自由主义与保守主义的对立主要集中于产业限制和福利等经济焦点上。两大政党内部都有各种势力并存，因此两大政党间对立的程度不高。

在1952年总统选举中，共和党拥立了第二次世界大战的英雄德怀特·艾森豪威尔，在时隔近四分之一个世纪之后再次获得胜利，但是，艾森豪威尔拒绝改变原有的自由主义路线，在两届当政期间试图扩大老年人养老金等具有福利性质的国家政策。当时正值美国的高度经济增长期，不仅财政充裕，共和党内也有强有力的自由派存在，可以说罗斯福新政的成果已经被广泛接受。

在社会文化的对立方面，与拥有南部势力的民主党相比，共和党采取了自由态度，重视多种价值观和种族平等。特别是在被视为最能体现意识形态对立的堕胎问题上，共和党以及其支持者都表现出了宽容态度。

尽管美国全境都存在对黑人的歧视，但是在种族隔离已经法制化的南部这一歧视问题尤为严重。20世纪上半叶，两次世界大战之间，工厂对劳动力的需求增加，有超过五百万的黑人向北部移动。第二次世界大战期间，很多黑人士兵出征，他们高举“两个V”（胜利）的口号战斗，一个指的是对轴心国极权主义的胜利，另外一个则是克服国内种族歧视的胜利。罗斯福曾尝试废除军队内部的种族歧视，但是要实现起来并没有那么容易。

而共和党明确反对种族歧视。以罗斯福新政为界，北部的黑人在转向支持民主党之前一直是支持“林肯政党”的共和党的。1954年最高法院在“布朗诉托皮卡教育局案”中判定公立学校的种族隔离是违宪的。负责这一判决的首席法官厄尔·沃伦（Earl Warren）是艾森豪威尔任命的原加利福尼亚州州长，也是1948年副总统候选人和共和党的主流政治家。最高法院在此之后诸多领域都给出了自由主义色彩的判决。

因为布朗案的判决，南部白人的态度变得强硬起来，歧视也越发严重。在这一背景下，在距重建期八十年之后的 1957 年，新的《民权法案》诞生了。这一法案为了保障黑人投票权而认可了联邦政府的介入，民主党内南部议员表示反对，共和党议员的赞成率则超越了对手。

第二次世界大战之后的四分之一个世纪里，两大政党之间意识形态的重合比对立更引人注目，这对政策形成的方式也产生了很大影响。在国会中，通过委员会内部活动，掌握专业知识的议员们常会超越党派限制，共同合作推进立法工作。这一时期有很多重要的立法获得通过，大部分都是基于两党多数派的赞成共识。除了考虑到拥有否决权的总统的意愿之外，两党意识形态的重合影响也很大，他们跨越党派推进立法的态度十分坚定。

冷战共识

两大政党在对外政策方面体现了两者方针的类似性。19 世纪的门罗主义也是如此，相较于内政，传统型政党很少在对外政策上对立。

第二次世界大战之后，杜鲁门政权作为西方自由主义和民主主义阵营的盟主采取了“遏制”以苏联为首的社会主义阵营扩大的政策，巩固了东西冷战方针。杜鲁门政权实施了马歇尔计划等援助西方各个国家复兴，整顿国际货币基金组织和世界银行等国际金融基础设施，通过这些手段主动提供公共财产，结成北大西洋公约组织（NATO）等多个军事同盟。

第一次世界大战之后，民主党威尔逊总统独断地推进和谈，导致与议会共和党产生隔阂，无法加盟美国自己提案的国际联盟。杜鲁门在第二次世界大战之后让共和党议员参与战后处理，因此获得了共和党对冷战政策的支持。接下来的艾森豪威尔政权继承了遏制政策，并预测了这一政策实施的长期性而采用了“新面貌战略”，增加了核兵器在军备中的比重。

冷战不仅是军事上的对立，也是意识形态上的对立，党派之间就共产主义威胁达成了共识。战后没多久就开始的“红色恐慌”就是其象征。共和党参议院议员约瑟夫·麦卡锡（Joseph McCarthy）于 1950 年开始宣称国务院内存在很多共产主义者，这种对政府内外人员进行攻击的麦卡锡主义获得了超越党派的发展。1954 年，美国通过了认定国内共产党非法的《共产党管制法》，当时只有两名众议院议员表示反对。

如前所述，战后两大政党达成了共识，支持总统在国内外彻底推行冷战政策。这就是所谓的“冷战共识”。

政党内部多样性的延续

第二次世界大战之后的两大政党在经济、社会文化、对外政策等各个领域中都没有明确的方针差异，这对美国政党来说是普遍现象。但是美国政治学会（APSA）下设的政党研究委员会在 1950 年发表了题为《走向更负责任的两党制》的报告书，建议两大政党改变现状。

这份报告书对当时的状况作出了如下分析。美国的政党依然是反映了联邦制结构的自律性地方组织联合体，这一点从南北战争前至今几乎没有什么改变。各政党无论作为党整体，还是在国会内部，都没有政策上的统一性。选举时两大政党无法表现出差异，即便选举结果产生，也无法确定当权者会支持哪些政策。

政治学者们之所以在此时作出这样的评论，是因为罗斯福新政之后联邦政府的职能急剧增加。要想有效地进行统治，不仅取决于个别政策的完成度，不同政策间的连贯性也同样重要。现代政府的活动涉及范围较广，因此如果不同领域的对应政策各自为政是难以为继的。

按照政党研究委员会的说法，执政党应该明确政策方针，对选民负责，不同立场的政党应对其进行批评，提出替代方案。只有这样，选民才能不依赖地缘和个人的关系，而是从政策本身出发决定支持的政党。政党研究委员会认为，为了达成这一目标，各个政党无论是党整体还是在国会的各个议院中都应强化集权性，设立研究政策方针的常设组织。

但是，他们提出的将从19世纪开始就没有变化的政党形态变革为适应20世纪政治的形式这一建议并没有实现。简单来说，政党并没有任何改变的动机。

国会议员在预选中已经成为党的候选人，若想再次当选，他们更需要得到当地支持者的好评而非党内领导人的认可。党的集权化和约束力的强化，无论对于个别政治家还是希望党势力扩大的全党来说都非常不利。这一点观察当时民主党内保守和自由的共存状况就能明了。

民主和共和两大政党在此后也维持了分权型的组织结构。但是两党最终以背离政党研究委员会期待的形式，对政策立场进行了较大的改变。而促成这一改变的转机是20世纪60年代的一连串政治社会变动。

2　20世纪60年代的转折期——肯尼迪至尼克松执政期

肯尼迪政权的各项政策

20世纪60年代总统选举中，民主党参议院议员约翰·F. 肯尼迪以微弱优势打败了艾森豪威尔政府的副总统理查德·尼克松。四十三岁的肯尼迪凭借肯尼迪家族的财富和人脉，以及他新鲜的魅力，在各州的预选中以大优势获得了候选人提名。他将竞争提名的参议院议员林登·B. 约翰逊（Lyndon Baines Johnson）推选为副总统候选人，并获得了认可。

肯尼迪是东北部马萨诸塞州出身，作为政治家的资历尚浅。他与南部得克萨斯州出身、曾是国会参议院影响力最大的多数党院内领袖的资深人士合作，希望获得更广泛的支持。在此之前，考虑到要与总统候选人的支持地区形成互补等，副总统候选人一般是在全国党代表大会上选定，但此后逐渐固定为由总统候选人指定。

在这一年的选举中，两大政党的总统候选人首次进行了辩论会，并通过广播和当时已经较为普及的电视进行播放，因此受到了极大的关注。联邦众参两议院议员中一般认为已经担任了两届副总统的尼克松比较有利。不过，尼克松并没有积极应对电视转播，给人留下了软弱的印象，这也成为肯尼迪支持率上升的一个原因。

上图：民主党候选人肯尼迪和共和党候选人尼克松的首次总统候选人电视辩论会①

1960 年，身着灰色西装的尼克松融入了背景中。

下图：公民权利运动示威游行，亚拉巴马州伯明翰，1963 年②

20 世纪 50 年代以后，要求废除种族歧视的公民权利运动掀起新的高潮。

---

① 图片来源：https：//www. dailykos. com/stories/2016/7/1/1544413/-Third-Terms-AreRare-But-Only-By-a-Hair

② 图片来源：https：//www. cbsnews. com/news/the-children-who-marched-into-civil-rights-history/

1960 年的选举让民主党时隔八年实现了本党的统一政府。肯尼迪和他 1963 年末被暗杀之后升格为总统的约翰逊以“帝王式”统治风格著称，即不受国会等其他政府机构的影响，与亲信协商，独断地推行政策。在他们的统治下，经济和社会文化中的自由主义政策被持续推进，自由主义的影响达到了顶点。

肯尼迪本身就对外交有浓厚的兴趣，他接下了艾森豪威尔时期以来一直紧张的美苏关系，在对外政策方面倾注了大量精力。1961 年其政权成立之后不久，就进攻了社会主义化的古巴，向当时处于胶着状态的越南战争派遣了支援南越军队的军事顾问团，通过这些举措加强外交影响。

与此同时，肯尼迪在总统选举中提出了内政上的自由主义方针，包括纠正性别歧视和种族歧视，为老年人提供健康保险等。执政之后，他还聘请富兰克林·罗斯福的夫人、人权运动家埃莉诺·罗斯福为委员长，成立了与女性地位相关的总统委员会。在此报告的基础上，政府还于 1963 年颁布了《公平薪酬法案》，规定同一业务有给出相同工资的义务。

这些事关内政的课题中，种族歧视在国际上也被视为问题，是外交上共通的难题，它关系到美国是否能将非白人较多的发展中国家纳入西方阵营。1960 年以后，出现了以马丁·路德·金牧师等为领袖的公民权利运动（民权运动），旨在提高黑人人权，这让黑人运动掀起了新的高潮。

在南部，包括妇女儿童在内的一些非暴力示威活动者被包括警察在内的白人殴打，这些场景在电视上播放之后，北部一些白人增强了当事人意识。在 1963 年 6 月举行的面向国民的演讲中，肯尼迪提出应该要通过立法切实保障黑人的权利。但是，他于同年 11

月在得克萨斯州的达拉斯被暗杀。

约翰逊政权的政策革新

在肯尼迪之后成为总统的约翰逊不仅继承了其政权的组成成员，也继承了其政策课题。他出身于南部，醉心于新政，立志进行超越新政的变革。他在就任的第二年即1964年1月发表的国情咨文演讲中宣布了“向贫困宣战”，不仅希望通过完善教育和福利等来稳定人们的生活，还希望通过保障公民权利来创造和谐的“伟大社会”。

约翰逊曾在国会的众参议院分别工作过十二年，对立法过程了如指掌。当时民主党在参众两院都占了六成以上的议席。他通过与控制了议事程序的议会内民主党领导层进行协商，对个别议员进行动员，陆续实现了各种大胆的改革立法。1964年7月，新的《民权法案》颁布，全面禁止公共场所、学校、职场等地的歧视。在该法律的审议过程中，除了种族歧视之外，还加上了禁止性别歧视的条款。

在同年的总统选举中，约翰逊获得胜利，民主党在议会中的议席进一步增加。针对选举权差别问题，政府于第二年即1965年8月颁布了《投票权法案》，联邦司法部被赋予了监督各州并在必要时介入的权力。在此之后，黑人的投票率迅速上升，如今已经接近白人。

同年，其他历史性的立法也相继出台。4月，《初等与中等教育法》颁布，联邦政府为了提高教育水平和缩小学习水平差距，对各州内各学区已经实现完全自治的初等和中等教育进行财政补助。7月颁布的立法则针对医疗保险不覆盖大量无保险者的问题，为那些情况特别严重的老年人和低收入者分别提供了老年医疗保险和医疗补助等公共医疗保险。

自由主义路线的挫折

从 1964 年到 1965 年实施的这些政策构成了今天美国各个领域的制度基础，是非常重要的成果。但是，仅凭借这些政策，约翰逊政权所提出的“伟大社会”并不会马上实现。

美国联邦政府的年度支出占美国国内生产总值的比例，从新政之后 1940 年的约 10％到 70 年代几乎实现了倍增。从刊载各行政机构所设立规章制度的联邦政府官报页数来看，联邦政府的规章制度量同样在三十年期间从大约五千页增加到原来的四倍。

但是，约翰逊政权在越南战争等问题上存在着“信任隔阂”，即言行不一致的问题。政府全面鼓动起民众对于社会变革的期待，但是人们对于政府规模的不断膨胀却看不到任何结果的状况感到十分不满。各种产业的限制政策效果也受到了质疑，人们批评这些政策更加有利于既得利益者。

20 世纪 60 年代出现了暴露社会裂痕扩大化的事态。在纽约和洛杉矶等大城市以黑人为中心的贫困地区中，相继发生了基于种族歧视意识的白人暴力事件，进而引发了种族暴动。黑人中也出现了马尔科姆·X（Malcolm X）和黑豹党（Black Panther Party）等领导者和运动组织，他们对于政府为了改善事态而做出的种族合作持怀疑态度。1968 年，致力克服贫困问题而不断进行活动的马丁·路德·金牧师被白人至上主义者暗杀。

约翰逊政权正式介入越南战争之后，投入了大量的人力物力资源，但是毫无成果，加上人们反对征兵，反战运动愈演愈烈。同时还发生了抗议歧视和贫困等问题的学生运动，嬉皮士等挑战既有价值观的对抗文化也日益高涨。约翰逊接受了民众对于政府的严厉批评，专心于收拾越南战争的残局，没有参加 1968 年的总统选举。

这一年，民主党陷入了大混乱。6 月，已故肯尼迪总统的弟弟，被视为总统候选人有力竞争者的参议院议员罗伯特·F. 肯尼迪（Robert Francis Kennedy）被暗杀。凶手是对其亲以色列态度不满的巴勒斯坦人。

受到反战运动等的影响发生混乱的民主党全国党代表大会，1968 年 8 月 28 日①

在 8 月的民主党全国党代表大会中，南部几个州的旧有党组织和受到民权运动影响的黑人组成的新的党组织都派出了代议员团，他们之间发生了冲突。此外，未参加预选的副总统休伯特·汉弗莱（Hubert Humphrey）被选为总统候选人，质疑其正当性的声音也

① 图片来源：https：//www. stltoday. com/news/local/govt-and-politics/years-later-the-violent-chicago-democratic-convention-looks-transformational-in/article _ 0e3d1f9e-fb0e-5d8a-bd99-0fe300316c6d. html

陆续出现。

通过直接预选选出总统候选人

鉴于这种对全国党代表大会的反省态度，民主党全国委员会成立了专门委员会，探讨全国党代表大会代议员的选出方式。这个通称为“麦戈文—弗雷泽”的委员会在 1971 年发表报告，提议各州党组织应以高度透明的程序选出代议员，同时认为代议员应包含之前未能得到充分代表的女性和黑人以及年轻人。

受到这份报告的影响，各地的民主党开始在州议会上推动立法，为总统选举进行预选的州也越来越多（见图表 4 - 1）。有关预选的州法适用于两个政党，因此从民主党开始的党内机构改革也影响到了共和党。之后，几乎在所有的地区，各州的政党都会以预选或者是支持者集会（党团会议）等选民可以参加的形式决定各州政党所支持的总统候选人。

如此，各党总统候选人的决定方式大部分都交给了选民。但这并不意味着党的领导人不再具有影响力了。候选人们在考虑是否出马的阶段也会观察党内有力领导人的态度。很多候选人在某种程度上都是在党内得到支持之后才会参选，因此预选之前各党内的察言观色会影响到候选人名单。这种捕风捉影被称为“影子预选”，多数情况下胜者将会从有力的候选人之中产生。

共和党走向保守

就在民主党陷入混乱之际，共和党也有了新的动向。这可以追溯到上次 1964 年的总统选举。这一年，共和党中有属自由派的纽

图表 4-1 总统竞选预选的实施数/预选选出的代议员占全国党代表大会代议员的比例（1912—2016）

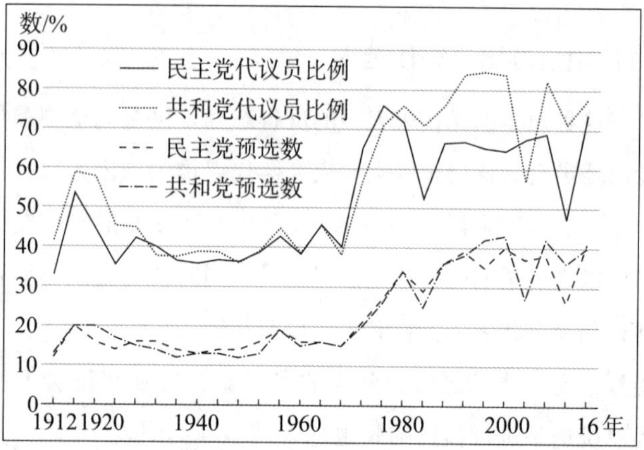

附注：横轴表示总统选举的举行年份，纵轴表示预选数，为实际数量，代议员的比例以"%"标识。参加党代表大会的代议员是从州以及首都华盛顿和波多黎各等自治领选出。另外，特别是在预选制度引入初期，预选结果多数情况下并不对代议员有约束力。

来源：截止到 2012 年之前数据来自 Harold W. Stanley and Richard G. Niemi, eds., *Vital Statistics on American Politics, 2015 -2016* (CQ Press, 2015)。2016 年数据是根据 The Green Papers 网站的信息计算出预选数和从中选出并承诺支持特定候选人的代表比例。

约州州长纳尔逊·洛克菲勒（Nelson Rockefeller）等多名候选人，但是最终获得候选提名的是极为保守的参议院议员巴里·戈德华特（Barry Goldwater）。但与约翰逊竞争，他没有什么获胜的可能，结果确实也是大败。

戈德华特除了在其故乡即位于西南部的亚利桑那州之外，人气度都比不上拥有国民威望的艾森豪威尔。在南部地区也只征服了最保守的深南五州——亚拉巴马州、佐治亚州、路易斯安那州、密西西比州、南卡罗来纳州。很明显，那些反对这一年颁布的《民权法案》的白人对于戈德华特的保守是有所期待并给予其支持的。据说在《民权法案》颁布之时，主导此事的约翰逊本人都曾经说过民主党将要长时间放弃南部了，虽然不一定是真事，但这一传闻颇具暗示性。

在戈德华特的竞选中，有一场应援演讲引起了人们的注意。演讲声称这场选举是决定是否跟已经到达上限的自由派各种政策诀别的“选择的时刻”。因为这场演讲而开始作为政治家被人熟知的罗纳德·里根本来是自由派，彼时刚刚转为支持共和党，但是他之后成为保守派的旗手，并于 1980 年当选为总统。

B. 戈德华特（左）和 R. 里根（右），于洛杉矶，1964 年①

1964 年的选举让共和党产生了一种希望，如果能够集合包含

① 图片来源：https：//www. reaganlibrary. gov/sites/default/files/archives/photographs/large/h89. jpg

南部在内的反自由派势力，就能够摆脱万年少数党的地位。1968 年，尼克松被提名为总统候选人，并始终保持着最有力候选人的地位。他在之后的竞选活动中开始推行拉拢南部保守派白人的“南部战略”。

在此次 1968 年的总统选举中，南部亚拉巴马州的原州长、呼吁维持种族隔离政策的乔治·华莱士（George Wallace）组建了“美国独立党”，在南部五州取得胜利。但是尼克松几乎在南部其他所有的州都获得了胜利，在普选中以 1%的优势战胜了民主党的汉弗莱。之后共和党开始着手分裂由北部自由派和南部保守派组成的民主党新政联盟。

尼克松政权和水门事件

尼克松宣称要让因为民主党的各种政策而发生混乱的美国恢复“法与秩序”，视左翼为敌人。就任总统之后，他推翻了选举时所提出的实现越南和平的诺言，于 1969 年决定继续战争。虽然反战运动继续高涨，但是尼克松认为“美国伟大的沉默的大多数（Silent Majority）”应该会支持自己，所以毫不介意。结果，和平议题一直延期到他再次当选后的 1973 年才重启。

不过，尼克松政权的政策方针总体是比较稳健的。虽然他曾在国会议员时代主导过“红色恐慌”，以反共斗士著称，但是在其他方面未必保守。他针对黑人、女性等受歧视的群体给予就学和就业上的一定优待，比约翰逊政权更为积极地推进消除歧视的政策，其自由派的一面也格外明显。

他在外交方面也没有采取强硬的路线，趁着中国与苏联争夺东方主导权的机会，基于彻底的现实主义立场，与两国都积极地进行交涉。美国在此之前都是支持中国台湾当局的，与中国大陆关系的改善具有划时代的意义。1972年尼克松实现访华，这也是美国在任总统的首次访华。

在接下来的1972年总统选举中，尼克松打败了民主党中的自由主义左翼的乔治·麦戈文（George McGovern），获得连任。他在普选中获得60%的投票，在除了马萨诸塞州和首都华盛顿之外的四十九个州获得了胜利，可以说是大获全胜。

但是，在竞选最激烈的时候，尼克松阵营中的相关人员因为企图在位于首都华盛顿的水门大厦中民主党全国政党委员会办公室安装窃听器而被逮捕。尼克松政权相关人员也对此项事件的搜查和司法程序作出了明显的妨碍行为。民主党占多数的国会众议院司法委员会做出弹劾总统的决定之后，尼克松于1974年8月卸任总统。

水门事件过后，总统权威一时扫地。之后的总统不可能再像原来那样轻视其他政府机构，如“帝王般”活动。另外在共和党内，因为意识形态相对稳健的尼克松失势，保守化进程加快。以下将介绍其发展。

3 意识形态极化的开始

反自由势力向共和党集结

从新政开始到20世纪中叶，两大政党中都存在从保守派到自由派的广泛光谱。从20世纪60年代下半叶开始，保守派开始向共和党集结，南部开始脱离民主党。20世纪70年代起，两党在意识形态上的差异逐渐显现。一般认为20世纪70年代是两大政党在意识形态上极化的开始。

序言已提到，两大政党的极化指的是两党意识形态上的隔阂逐渐扩大，各党内意识形态上的统一进一步加强的复杂现象。不过无论哪个政党都不是根据领导层的决定和指示来推进意识形态的集中化的，也不存在实际上能够决定政党整体方针的领导人。

另外，极化并不是因为各党支持者的意识形态化产生的。直到20世纪末期，两党的支持者还看不到明显的意识形态上的区别。尽管如此，两大政党为什么会在意识形态上产生极化的问题多年以来一直困扰着政治学家。对于极化的研究仍在继续。现实情况是，随着党派支持势力时而加入时而离开，党内个别政治家改变方向或者政治家出现更迭等，极化也在缓慢发展。

共和党方面率先出现了极化现象。虽然自新政以来，与民主党相比，共和党对于政府介入市场的态度比较消极，但是彼时共和党内自由派势力比较强大，在种族关系等有关人们生活方式的社会文化类争议问题上，它甚至比民主党更具自由倾向。但是 20 世纪 60 年代后半期以来，反对民主党所主导的自由主义政策的各种势力集结在其党内，事态开始发生变化。

这些势力都标榜自己为保守派并且互相合作，其中比较重要的势力有以下三种。

第一个是传统右翼（老右翼），他们重视不受政府限制的个人自由和市场的自我调节能力，认为 20 世纪扩大的管制政策和福利国家政策是有害的。

第二个是传统主义者，他们认为种族区间和性别分工等传统规范被轻视，社会秩序被打乱。

第三个是反共主义者，他们主张强硬路线的冷战外交。

共和党的保守化动向表现为各种保守的社会运动和利益集团不时联手，在政策上向共和党的政治家们施压，并动员选民加入共和党。这些利益集团、保守化组织有很多既反对 20 世纪 60 年代的民权运动中自由派社会运动和利益集团的成功，又受其启发进而模仿其形式，开始有组织地与之对抗并因此而崭露头角。

虽然不是政党的一部分，但是在支持某个特定的政党并以此达到目的这一点上，这些组织也可以说是属于某个政党“阵营”的。1964 年设立的美国保守联盟以联合和团结保守派为目标，从 1973 年开始每年都要召开“保守派政治行动会议”（CPAC）。近几年来规模不断扩大、政府内外的共和党相关人员和各种保守运动的领导人齐聚一堂的场面，就是保守化共和党阵营的缩影。

传统右翼和宗教右翼

保守派中规模比较大的派别是传统右翼和宗教右翼（基督教右翼）。传统右翼指的是从很早以前就以共和党为中心的、主张摆脱政府的自由放任主义的势力。其想法主要基于古典自由主义的思考方式，即重视个人自主性和市场无形之手的作用。

财政界本就讨厌政府的管制和增税，所以这种主张是符合财政界利益的。也出于这个原因，传统右翼在财政界中影响力较大。19 世纪以来，共和党与财政界的关联比民主党更紧密，这些企业和行业团体后来与其他各种势力共同构成了区别于上述传统右翼的共和党新保守派。他们也和其他势力联合起来展开活动。

共和党对枪支管制的反对是一个很好的例子。直到 20 世纪中叶，枪支管制问题几乎没有引发过政治的对立。但是肯尼迪兄弟和马丁·路德·金被暗杀、1968 年《枪支管制法案》通过后，舆论对于枪支犯罪的不安也不断高涨。与此同时，害怕受到进一步管制的枪支行业通过枪支爱好者的会员制组织全美步枪协会等发起了反对管制的活动。此时，有关公民武装权利的宪法第二修正案成为了保障普通人持枪权的理论支持，主张摆脱政府的自由。

而在社会文化类争议等方面，传统主义的宗教右翼和运动组织开始在共和党内重新发挥影响力。新教徒中也有一些严格遵守《圣经》戒律的福音派，以他们为中心，再加上一部分天主教和犹太教教徒，开始旗帜鲜明地站在保守派立场上开展活动，如从 20 世纪 70 年代开始的反对堕胎，再如允许公立学校内的祈祷活动，尽管 1962 年最高法院曾判后者这一行为违宪。

杰瑞·法威尔（Jerry Falwell）和帕特·罗伯逊（Pat Robertson）两位牧师分别在 1979 年和 1989 年组建了道德多数派和基督教联

盟。这些会员制运动组织的目的主要是通过动员保守立场的基督教徒和发动共和党政治家，恢复他们所认可的以基督教规范为基础的社会秩序。两个组织都召集了数百万的会员，但道德多数派于 1989 年解散。

因社会文化类争议焦点而集结的保守势力并不只有宗教人士。比如国会曾在 1972 年提出对《联邦宪法》平等权利法案进行修订（the Equal Rights Amendment，简称 ERA），规定男女在法律上必须实现平等对待。一直以保守立场在共和党内活跃的菲利斯·施拉夫利（Phyllis Schlafly）对此表示反对，同年组织了鹰论坛（Eagle Forum），除了反对 ERA 之外，还在社会文化方面展开保守活动，如反对堕胎等。虽然 ERA 发起时因为在规定的期限内没能获得足够数量州的批准从而无疾而终，但是近几年又出现了一些对其进行批准的新州。

菲利斯·施拉夫利（Phyllis Schlafly）白宫前反 ERA 示威游行，1977 年[①]

① 图片来源：http：//womenatthecenter. nyhistory. org/wp-content/uploads/2020/04/LOC. jpg

保守派的非一贯性和团结

集合在共和党中的各种势力将自己称呼为“保守派”（conservatives），但是其思想并不具有通常意义上的意识形态的共通性和一贯性。

比如传统右翼，他们与支持自由主义的自由派一样信任人的能力，只是反对政府不分领域的过度干预。与此不同，宗教右翼等传统主义者认为人因为软弱而容易堕落，主张政府应对不道德的行为进行限制。两者在对人的看法和政府的作用等基本问题的看法上互不相容。因此保守派并不意味着一定支持小政府。

20 世纪 70 年代以后，保守派进一步多样化，比如新加入了自由放任主义和新保守主义等势力。前者最优先考虑个人的自由，认为应将政府的作用最小化；后者则看到了自由派在 20 世纪 60 年代陷入困境，从自由主义左翼转为保守派。

被保守派把持之后，共和党开始摸索构建将各种势力思想融合在一起的保守意识形态，即美国版保守主义。之所以会考虑对各种思想进行整合，无非是因为各个势力的想法本来就是不同的。所谓政治上的保守其实就是对于变化的抵抗，如果要攻克的对象的变化是不同的，那么抵抗的方式也是多种多样的，这不足为奇。

事实上，包括政治家在内的很多主体本来也不是在某个抽象化意识形态的驱使下行动的，这一点在自由派那里也是同样适用的。两大政党极化的实际情况是具有多种利害关系和理念的各种主体因为两种意识形态被分成两部分。因此意识形态在很大程度上是团结和动员各个阵营的手段。

到 20 世纪 90 年代为止，共和党的保守联盟因其思想上的多样性而被认为难以持续很久。但是保守派在此之后也在共和党内部加强了团结，共享彼此的政策方针。其中有几个理由。

第一，虽然保守派的想法和政策目标各不相同，但是他们有一个共通点，那就是希望打破民主党的自由主义政策，为此他们可以相互协助。特别是他们都反对政府精英们对自己“古老而美好”生活的干涉。在这一点上，今天的保守派尽管大多受到财政界支持，但是依然具有民粹主义的性质。

第二，保守派之间在经济、社会文化，以及对外政策的各个领域都存在比较容易达成一致的政策目标。比如经济上就是为了缩小政府而采取的减税政策。没有人会因为税金减少而感到不满，因此减税成为保守派团结在一起的非常合适的目标。到今天为止，减税都是共和党高举的政治旗帜。

在社会文化议题上则是对堕胎的反对。宗教右翼将受精当做生命的开端，他们从这个立场出发，认为堕胎就是杀人，因此主张对其加以禁止。从舆论调查中可以看出，大部分人认为在因强奸引起的妊娠等一定的条件下应该允许堕胎，但是很少有人对堕胎本身抱有好感。

最高法院在 1973 年的“罗诉韦德案”的判决中认定了女性在一定范围内自我决定堕胎的宪法权利。保守派认为这一带自由主义色彩的判决是法院捏造的新型权利，支持推翻此判例，不允许堕胎。直到今天这依旧是保守派在司法界的最大目标。

在对外政策方面，以约翰·伯奇协会（John Birch Society）为代表的反共主义者主张对待东方阵营采取强硬的外交政策。20 世纪 70 年代，美国在越南战争中事实上已经战败，美苏紧张关系得以缓和，贸易收支出现赤字。与此同时，其他保守派支持应恢复强大美国的观点，支持扩军，尽管这会导致政府膨大和财政赤字。在此之后，只要共和党掌握政权，通常都会进行扩军。

共和党内保守派的影响力逐渐增强的过程中，失去立足之地的自由派开始从党内退出。另外一方面，南部成立了党组织，动员当地的保守派。恰巧在这个时期，因为空调的普及，从北部移居到南部的人数增多，其中有很多共和党的支持者。共和党就这样开始进入了南部。

民主党消极的自由化

共和党内各种势力积极推动党的保守化的同时，民主党却陷入了被动。新政之后，除了南部之外，民主党内基本都持有自由主义的想法，认为政府应稳定市场，保障人们最低限度的生活。此后直到 20 世纪中叶为止，民主党也逐渐认可了消除种族歧视和各种价值观并存的重要性。在社会文化方面的争议问题上，其态度也是与自由主义的想法相吻合的，即允许政府介入，使人们不论处境如何都能追求幸福。

支持民主党的自由派联盟主要力量包括各种工会，以及由黑人等种族少数派组成的民权运动组织，另外还有从 20 世纪 60 年代下半叶兴起的女性解放运动等。尽管这些一直受到歧视的少数派和女性运动在活动资金等方面比不上财政界，但是也受到了以福特基金会为代表的旨在推进自由主义的财团的支持，因而变得较为活跃。除此之外还有学生运动和反战运动组织，以及之后的消费者运动和环境保护运动等，都在民主党内占有一席之地。

此外，财政界虽然倾向于共和党，但是很多行业团体和大企业也通过捐款等形式与常年占据多数党之位的民主党保持一定联系。这在今天也是如此，一些重视环境保护等自由主义经营理念的企业中有很多人支持民主党。

当民主党失去了20世纪60年代那种对共和党的压倒性优势之后，党内对于妨碍自由派政策实现的南部保守派的不满越发强烈。在国会中，南部出身的旧参议员得益于前任优先制，继续拥有巨大的权力。另外受到尼克松辞职余波的影响，1974年的选举中有大量民主党自由派新人在北部当选为国会众议院议员。这些“水门婴儿”认为南部选出的委员长表现保守，希望能够剥夺其权力。

这导致委员长在就任之前必须通过政党议员大会进行的信任投票。除此之外民主党还进行了议院的改革，强化了各个委员会下各个领域小委员会的作用，分散了委员会内的权力，将委员长的一部分权力移交给众议院议长，这种影响也波及了参议院。这样一来，南部保守派的影响力被削弱。随着共和党进入南部，南部选出的民主党议员中持中立态度的政治家逐渐增加。

自由派的混乱与卡特政权

南部的保守派向着共和党的转移导致民主党整体自由化。但是，民主党并没有像20世纪60年代那样积极推进自由主义政策。这一方面是由于约翰逊执政期间的挫折余痛未消，另一方面是20世纪70年代迎来了高度经济增长期的终结。再加上出现了失业率上升与通货膨胀并存的滞胀现象，却无法用经济学理论对这些经济现象进行解释说明，因此政府给人留下了对经济危机的处理能力欠佳的印象。

自由主义的评价一落千丈之后，保守派基于减税和放宽限制的刺激经济的主张就有了一定说服力。尽管民主党支持联盟都具有自由主义倾向，但是对政府介入的程度存在不同意见，党内各势力所追求的政策也互有差异。

虽然民主党在20世纪70年代在议会占据多数席位，但是没能抓住类似于保守派的“反自由派”那样的团结契机。序章提到的蒂普·奥尼尔把民主党比喻为集合在同一帐篷下的多个集团，指的就是这一状况。

在1976年的总统选举中，民主党的吉米·卡特战胜了尼克松辞职之后继承政权的杰拉尔德·福特（Gerald Ford），当选总统。卡特和他的政府运营象征了民主党所面临的困难。他是南部腹地佐治亚州的前州长，属于新教徒中最为保守的南部浸信会。卡特宣称与首都华盛顿的精英没有关系，获得了南部和宗教右翼的支持，最终当选总统。

卡特从未标榜自己是保守派，但是也没有推进基于自由主义的新政策课题的打算。他接受了保守派的意见，对因为越南战争和20世纪70年代经济危机而遭到重创的财政进行了改革，放宽了限制。但是，滞胀状态并没有消失，在对外方面因为疲于应付1979年11月发生的驻伊朗大使馆人质危机，也未能取得瞩目成果。

议会内的极化及其结构因素

两大政党就以这样的形式极化，形成了美国政党政治史上的新局面，即共和党为保守派、民主党为自由派，在各种争议问题上立场皆不相同。尽管党内的约束力比较宽松，国会的议员和各党政治家还是对应各自的意识形态采取了一贯的行动。

图表4-2是以联邦众议院议员个人思想倾向立场进行推量计算之后得出的数值为基准，根据各个政党所属全体议员和南部民主党议员在各个议会期的平均值绘制的。

图表 4-2　联邦议会众议院的民主党和共和党议员以及南部选举出的民主党议员的思想立场（1879—2019）

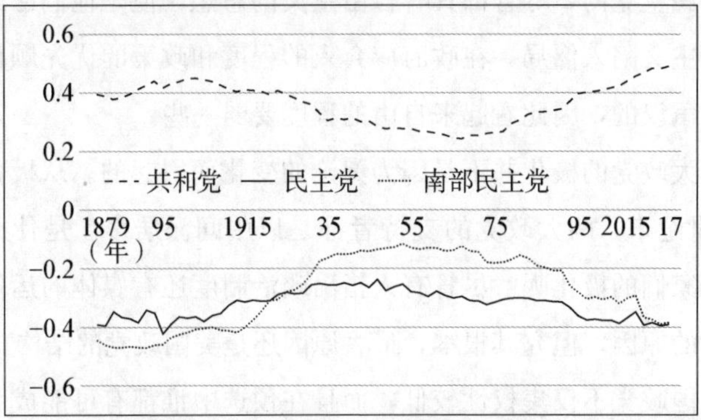

附注：纵轴为 DW-NOMINATE 数值（一次元），横轴为各议会期开始年份，图表为各类别议员的平均值。
来源：本书作者根据 Voteview. com 的数据制成。

这一简称 DW-NOMINATE 数值的指标在美国议会研究中应用广泛。它是利用了所有议员对全部法案表决时的投票数据，以投票行为的类似性为基础算出的数值。投票形式是点名投票，能够了解各个议员的赞成反对情况。这个图表虽然展示的是众议院的数据，但是同样适应于参议院的动向。

在这张表中，越往上越保守，越往下越显示出自由主义的立场。20 世纪 70 年代以后，基本可以将共和党和民主党以保守和自由进行区分。可以看到共和党的变化更大一些，另外在南部的民主党议员比其政党整体更趋保守。有关经济类的争议问题可以以是否承认政府的巨大作用来区分自由和保守，极化之后，对经济类争议的态度与其他争议的态度具有高度相关性。

另外，因为共和党保守化的程度更大一些，可以说共和党比民主党在意识形态上的统一性更高一些。但如前所述，共和党内的凝聚力来自对自由派的反对，而不是基于一以贯之的“保守主义”。反之在民主党内，尽管都具有自由主义的思想，但是他们已经意识到自由主义陷入僵局，在政府应介入的程度和政策的优先顺位顺序上是有争议的，因此看起来自由的程度要弱一些。

两大政党的极化并不是因为舆论的变化而引起的。从极化开始到 20 世纪末，两大政党的支持者都是以中间派居多。是什么促进了政治家们的极化呢？尽管有人指出政治制度还有媒体的运作等各种各样的原因，但究其根本，最大原因还是美国政党的结构。

美国政党不仅集权性较低，而且在预选中谁都有可能成为候选人，但候选人在取胜之前得不到所属政党组织性的支援。政治家需要以自己的力量拉到钱和人在选举中竞争。20 世纪下半叶，“以候选人为中心”的选举成为主流，这种选举形式指的是候选人可灵活运用电视广告等新兴媒体进行自我推销，不必依赖所属政党。

这些政党政治家不受所属政党限制，靠自己的力量筹集选举资源，因此更容易受到在资金和人员上给予支持的各种利益集团和社会运动的影响。这些组织以改变现状或者不允许改变现状为目的对政治家们施加压力，在自由和保守两个不同方向上煽动政策。两大政党的政治家都被这大量组织“牵着走”，这也是极化的重要原因。

拥有不同意识形态的各个组织和它们的联盟不仅会支持现有的政治家，还会发掘认同自己理念的候选人，让其参加竞选并给予支援。近年来，被称为 UCLA 学派的政党研究者群体备受关注，因为他们认为驱动美国政党的不是政党政治家，而是作为他们背后推手的利益集团和社会运动。尽管对这一观点评价褒贬不一，但是各种组织对政治家产生重要影响是毫无疑问的。

政党存在感的淡化

20 世纪 70 年代以后，两大政党不断极化，政党政治呈现出两种完全不同的变化，即政党存在感的淡化和两大政党制的进一步制度化。

首先是政党存在感的淡化。这与前面提到的“以候选人为中心”化是联系在一起的，主要呈现出两种形式。

图表 4－3　两大政党的支持者和无党派人士的比例（1939—2018/2019 年）

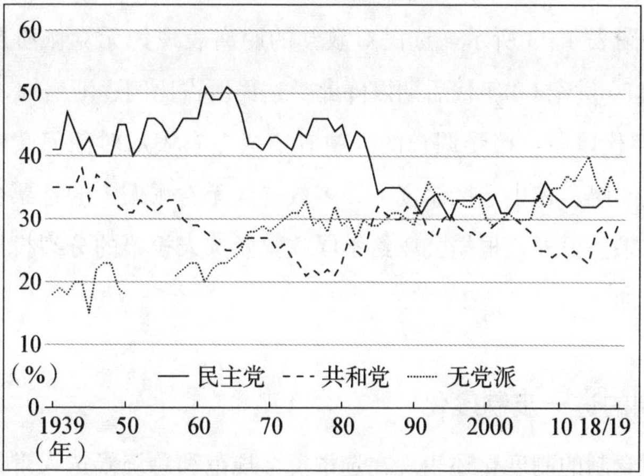

附注：由于样本数的原因，2018 年和 2019 年未区分。

来源：本书作者根据以下数据制成。1939—2014 年“Trends in Party Identification, 1939 - 2014,” Pew Research Center, 2015; 2015 - 2018/19 年“In Changint U. S. Electorate, Race and Education Remain Stark Dividing Lines,” Pew Research Center, 2020。

第一，政党组织的弱化。20 世纪下半叶，随着竞选不再需要通过电视电台广告、邮寄广告等地区性大规模组织进行竞争，候选人在正式选举中对政党组织的依赖性降低。因此，地方政党组织失去了在最重要的选举中发挥作用的余地，开始衰退。

第二，选民进一步脱离政党。随着候选人在选举中更多宣传自己而非所属政党，选民对政党产生认知的机会减少。而且，随着政党组织不断削弱，选举时受政党动员的情况也不断减少。

20 世纪中叶，正如美国政治学会下的政党研究委员会的提议所示，两大政党的政策经常被批评为“半斤八两”。讽刺的是，两大政党的极化愈演愈烈，两者的区别越发明显，选民却离政党越来越远。

如图表 4－3 所示，选民对政党的脱离表现为无党派阶层的增加。从 20 世纪 60 年代后期以降此类选民所占比例逐渐增加，20 世纪 70 年代以后，接受调查的人中有三成左右表示对任何政党都不抱有认同感。在小选区制度下，多数选区无党派人士的选票会左右选举结果。另外，根据公职给不同政党候选人投票的分裂投票也在逐步增加。

两党制的进一步制度化

两党制的制度化还表现在选举资金规范和总统候选人辩论会的影响上。

第一是选举资金规范，前面提到政治家对利益集团的依赖，作为金钱政治的一种形式是一个值得重视的问题。1971 年，经过多次讨论的《联邦选举运动法》出台，禁止团体直接向候选人捐款，个人的捐款金额也受到限制。

不过，团体只要成立政治行动委员会（简称 PAC），向联邦政府的联邦选举委员会（FEC）递交申请，明示资金流向，就可以广泛捐款。因此虽然制定了一系列规范立法，但政治家对政治捐款的依赖并未减弱，“金钱选举”的性质反而更加明显。

虽然这些规则适用于任何政党，在总统选举上情况却有所不同。预选和普选都是由国库向候选人提供选举资金，因此两大政党和其他政党在待遇上不尽相同。首先，在预选中，如果候选人能够联系一定数量的州募集到超过规定数额的捐款，就会得到与自己筹集的捐款相对应的金额。但是，两大政党之外的大部分候选人都得不到这一优惠。

接下来在普选中，在不使用其他资金的条件下，上届得票超过25％的政党候选人将获得足以支撑整个选举的同等资金。此外，全国党代表大会的召开费用也会有所补助，不过这一规定于 2014 年被取消。

其他候选人如果在普选中获得 5％以上的选票，下次只会根据得票率获得一定金额的补助。自 1976 年总统选举以来，两大政党的候选人都受益于这一制度，第三党中享受过这一待遇的只有罗斯·佩罗（Ross Perot）创建的、在 1992 年的普选中获得 18％选票的改革党。

这样一来，两大政党获得了能够左右选举资金规范的特权，而这一法律制度对选举产生了至关重要的影响。不过，1996 年参加共和党预选的实业家史蒂夫·福布斯（Steve Forbes）和 2008 年参加普选的民主党候选人巴拉克·奥巴马，都是历史上首次未申请资助的案例。他们自己筹措并使用了远远超过可接受国库资助选举资金上限的资金。从那以后，无论是预选还是普选，不接受国库资助成为常态。

第二是关于总统候选人的辩论会。这种辩论会曾在 1960 年选举时举行过，后于 1976 年恢复，之后成为惯例。在 1984 年之前，它是由非政府组织（NGO）女性选民联盟在两大政党的支持下以中立立场运营，1988 年之后改由两大政党组成的委员会管理。将两大政党之外的候选人排除在外，这一直是个问题。迄今为止，只有 1992 年的佩罗获得了参加资格。

总之，两大政党在 20 世纪 70 年代以共和党掌握主导权的形式正式走向极化。这给新政以来民主党占优势的第五次政党制蒙上了阴影。但是，与之前的政党制重组不同，因为这一政党制时期划分的界线并不明确，之后的政党制都没有被单独命名。下一章将探讨 20 世纪 80 年代以来极化越发明显的政党政治。

第五章

极化的时代
——20 世纪 80 年代至奥巴马执政期

1　加强攻势的保守派——极化的明显化和扩大化

里根政权与保守派攻势的开始

尽管两大政党的意识形态极化在20世纪70年代就已经正式出现，但是人们并没有马上意识到这一点。因为自由主义在当时走入窘境，共和党不断保守化，所以在一段时间内人们认为并不是在极化，而是美国整体都在走向保守化。但到了20世纪90年代，人们开始清晰地认识到极化问题的存在。因为一方面两大政党开始在全国范围内势均力敌地对抗，另一方面也出现了政策制定困难等副作用。

本章将讨论对20世纪80年代以后两大政党极化的发展和其对政党政治的影响。20世纪末，精英阶层的极化日益明显，两党在全国范围内的对抗矛盾进一步激化。进入21世纪之后，这种极化的情况甚至在选民之间也不断加剧。基于极化的党派对立与社会的分裂重叠在一起，日趋严重，看不到其结束的可能性。

1980年总统选举中共和党人里根获得胜利，这给人们一种新的印象，保守派在政策论上占优势的时代已经到来。试图在这次选举中获得连任的卡特因为经济不景气和驻伊朗大使馆人质危机饱受支持率低迷之苦。里根在选举竞争中提出了较为极端的主张，认为如果减税则偷税漏税就会减少，税收反而会增加，因此财政赤字也可以减少。

尽管如此，里根还是在普选中以近 10%的优势高于现总统卡特，赢下了四十四个州，以压倒性优势取得了胜利。里根原是好莱坞演员，他既开朗又有威严，将过去人们对保守派冷酷阴森的印象转变为明朗有力。他不仅展开与东方阵营的竞争，还在经济方面追赶其他西方发达国家，唤起人们让美国恢复强大的期待。民主党支持者中也有很多人给里根投票，他们被称为“里根民主党人”。里根在 1984 年以更大的优势获得连任。

里根经济学和“文化战争”

里根在 1981 年 1 月的就职演讲中宣称，“政府不解决我们的问题。政府本身就是问题”，企图通过以大幅减税和放宽限制为基础的“里根经济学”实现经济复苏。另外在这一天，伊朗释放了美国大使馆人质。

里根执政期间，共和党甚至在国会中也重新掌权。众议院虽然依然是民主党占据多数席位，但是参议院除了最后两年之外，共和党一直占据了多数席位。

在议会中，共和党和南部民主党的“保守联盟”依然健在。也因为这个原因，1981 年和 1986 年政府通过大幅下调个人所得税上限等措施实现了减税立法。在此之后减税一直是共和党内最重要的政策课题。

里根执政之初就加强了与苏联的对抗姿态，进行了和平时期史上最大的扩军，导致财政赤字扩大。从 1983 年开始的经济复苏，除了较为保守的里根经济学之外，扩军承担了公共投资的作用，这一点效果也很明显。在此之后，批评政府扩张的共和党政权主张通过减税和扩军增加财政赤字，而民主党政权则致力于财政的健全，减少赤字，这一形式一直延续至今。

此外，里根政权克服了来自议会民主党和负责管制政策的行政机关的抵抗，不断放宽限制。特别值得一提的是，其政府对环境保护采取了敌视态度。环境保护和消费者保护等涉及社会风险的争议点在其他发达国家很难形成意识形态上的对立，但是共和党接受了财政界的想法，强烈反对限制规定，甚至质疑限制温室气体排放的科学根据。在这一点上，可以说在里根政权期间，两大政党的极化都扩大了范围。

在福利国家政策方面，里根推出了一系列保守改革，如降低对贫困家庭的生活保障，提高养老金支付年龄等。当时还出现了“福利女王”（welfare queen）这类带有歧视意义的词，警戒人们对福利的依赖。“福利女王”指的是贫困又没有节制地生孩子，以此获得政府保护的年轻女性。

社会文化的争议问题方面主要属于州管辖，与经济相比，其立法上的尝试相对有限。尽管如此，该政府还是致力在多个方面进行改变。1984 年，因为政府禁止资助支持堕胎的海外 NGO 而引起人们的普遍关注。这一政策因其发布的城市名被称呼为“墨西哥城政策”，之后不断被共和党政权继承，又不断被民主党政权废除。

在种族问题上，里根政府强调“色盲”（color blind），即不再以肤色进行区分。但在结构性种族歧视和差距依然存在的前提下，无视肤色也可以说是对歧视的容忍。政府做了一些尝试，反而导致了原来的反歧视措施效果的倒退。里根还打出了“与毒品作战”的口号，在严厉打击毒品犯罪之后，一些在警局和司法中处于不利地位的黑人和拉丁裔收监人数激增，一直延续到 21 世纪。后来这被认为是变相的种族隔离政策而受到批评。

另外在 20 世纪 80 年代，艾滋病的感染范围不断扩大。尽管政府承认毒品使用者和同性恋感染者数目巨大，但是几乎没有对此采取过任何措施。

政府的这种态度成为社会文化价值观相关的各个争议话题中的焦点，这被称为“文化战争”。“政治正确”一词也是从这个时期开始广为人知。尽管当时有很多争议焦点，如堕胎问题的对错、在公立学校的祈祷是否可行、性少数者的地位等，汇总成一个关键词就是“多元文化主义”（multiculturalism）。

多元文化主义认为美国国民不是个人的集合，而是具有各自传统和文化的多种集团的集合，因此应该尊重各种差异。不仅是保守派，就连自由派的一部分也反对这种观念，认为将美国国民结合在一起的应该是自由和平等的普世理念，因此围绕多元文化主义的合理性爆发了激烈的争论。

围绕司法的党派对立

在里根执政期间，保守派和自由派的对立焦点不仅开始多样化，受极化影响的政治领域也不断扩大。

其中特别重要的是以最高法院为中心，围绕司法问题的党派对立进一步加深。联邦层级的法官实际上是终身法官，不存在人事变动，个人的思想观念很容易反映在判决中。过去，在国会的参议院人事审查中，如果法官候选人作为法律专家资质没有问题，其思想倾向一般不会成为问题。

但是，里根认为法律界过于自由化，试图将法院彻底送给保守派。众所周知，美国法律专家大多数是自由派。里根认为，要克服

20世纪中叶以后“罗诉韦德案”这种将堕胎视为女性权利的自由主义判决，司法的保守化不可或缺。

里根在由九名人员组成的最高法院中任命了三名保守派，以填补因法官引退等产生的空缺，同时还任命了大量下级法院的法官。在批准人事任命的过程中，国会参议院的党派矛盾激化。里根于1987年提名华盛顿特区巡回联邦上诉法院（相当于日本的高级法院中分量最重的法院）的罗伯特·博克（Robert Bork）为最高法官。博克的资历很深，广受赞誉，但是占据参议院多数席位的民主党议员注意到他极端保守，最终否决了他。这引发了极大的轰动，在此之后妨碍司法人事的行为被称为“犯规”。

包含法官在内的保守派法律专家不仅在个别争议问题上与自由派立场相左，他们还提出了原意主义（originality）这种独立的宪法解释理论，以此为依据展开其保守性论调。占据多数席位的自由派法律专家认为宪法的解释理所当然应根据时代的要求而变化。而原意主义者则认为宪法典应该严格按照制定条文者的意思（原意）进行解释。

因此在原意主义者看来，法官从宪法中提炼出隐私权等新权利并进行判决时，行使的就是立法权而非司法权，这是违反宪法的。此后，以最高法院为中心，保守派和自由派在司法上的观念差异日趋明显。

保守派对政治基础设施的完善

里根政权保守态度的背后，除了我们已经看到的利益集团和社会运动组织之外，还有各种各样的保守派系组织的支援。

其中特别引人瞩目的是智库。美国之前一些比较权威的智库，如布鲁金斯学会和罗素大学集团等，多数虽然并不标榜特定的思想形态，但是实际上是偏向自由派的。

进入20世纪70年代以后，为了跟这些智库对抗，美国传统基金会和美国企业公共政策研究所这类保守系智库陆续出现，在共和党政治家的政策方案和人才供给方面开始发挥重大作用。在此之后智库的派系化在保守和自由两方都有所发展，但党派性的突出也导致人们对其专业性失去信赖的副作用。

除此之外，对抗自由主义的保守派进一步组织化。在法律界，1982年成立了一个由法学院学生组成的被称为联邦主义者协会的团体。它不仅在全国各地建立了支部，还吸纳现职法律专家作为会员，成为培养和动员保守派法律专家的一大据点。之后一直到现在，该协会都在共和党政权的司法关系人事方面发挥着巨大影响力。

科赫兄弟等大富豪和约翰·M. 奥林基金会等强有力的保守派财团成为各种保守派组织的财政后盾。正是因为这些财团，保守派才得以在被总称为“政治基础设施”（political infrastructure）的智库等各种有利于党派竞争的组织资源方面与自由派展开竞争。

自由派在了解到保守派的动向之后，也开始有组织地与其对抗。比如智库方面有2003年成立的美国进步中心，法律组织方面有2001年成立的美国宪法协会，它们都与民主党政治家联合起来开展活动。

就这样，里根政权让共和党首次正式地定位在了保守立场上，这成为一个重要的转折点。此外美国经济状态不断回暖，加上对外方面与苏联共产党总书记戈尔巴乔夫的谈判在实质上结束了冷战，取得了巨大的成果。

20世纪60年代之后，在保守派不断增强势力的同时，自由派却给人留下了失败的印象。“自由派”这个词甚至被当时的自由主义者所避讳，很多人模仿20世纪初的进步主义，自称为“进步派”。

不过，到20世纪80年代为止的两大政党极化与之后相比还有一定限度，两党在政策上也是有可能彼此妥协的。之后非法移民引起了严重的党派对立，针对这一问题，1986年通过了一系列跨越党派的立法改革。另外卡特和里根政权都陆续展开了“人权外交”，即谋求改善其他独裁政府的人权压迫问题。这些行为无论对于重视摆脱政府的自由的保守派，还是主张让政府来保障人权的积极的自由派，都是正当的。

H. W. 布什政权和1992年总统选举

在1988年总统选举中获胜的乔治·H. W. 布什执政期间，极化并没有彻底恶化。尽管布什是里根的副总统，但是1980年他曾是与里根争夺候选人提名的对手，在意识形态方面较为稳健。他藐视里根政权奉为招牌的“里根经济学”，认为减税就能增加税收的主张是“巫术经济学”（Voodoo Economics）。

布什政权还积极推进了一些自由主义的政策，如制定保护环境的《清洁空气法》，禁止歧视残疾人、推进社会基础设施建设的《美国残疾人法》等。1990年前后，共和党还不完全是清一色的保守派，但这些政策方针与党内的保守派产生了摩擦。为了削减财政赤字，布什在1990年违背选举时的诺言改为允许增税的时候，党内的对立已经是板上钉钉。

布什于1989年12月与戈尔巴乔夫举行了马耳他会谈，正式结束了冷战。以伊拉克入侵科威特为导火索的1991年海湾战争时期，他的支持率一度超过 80%。但是那段时间国内经济开始恶化，他被党内保守派放弃，在 1992 年总统选举中败给了民主党的比尔·克林顿。

在这次总统选举中，实业家罗斯·佩罗作为独立候选人出马，获得了很高人气。他反对财政赤字，反对加拿大和墨西哥之间的北美自由贸易协定（NAFTA），其核心主张是对两大政党的批评。布什虽然稳健，但是因为与民主党为多数派的议会的对立导致政府内处于较为明显胶着的“僵局”（gridlock）。佩罗抓住这一个词大做文章，攻击两大政党的领导未获得任何政策成果。

佩罗一度在支持率上超越布什、克林顿，在普选中获得了 18% 的得票率。他的好战绩表现了舆论对两大政党极化的不满和对政党的疏离。佩罗之后又组织了改革党参加 1996 年的总统选举，但是并没有获得上次那样的战果。

克林顿政权对“第三条道路”的摸索

1992 年克林顿当选总统表明了民主党内在自由主义遇到瓶颈的同时，仍在持续摸索政策路线。克林顿与卡特一样，都是南部腹地阿肯色州的州长，他们把远离中央政界作为宣传点，也在南部一部分州取得了胜利。他是仅次于肯尼迪、史上第二年轻的通过选举当选的总统，也是婴儿潮一代的第一位总统。对于民主党来说，这是卡特政权以来，时隔十二年再次组成统一政府。

克林顿在社会文化方面是自由派，他在南部成长，从贫困中起家，与很多黑人在身世上有共同的境遇，甚至后来被黑人作家托妮·莫里森称呼为“第一位黑人总统”。也是因为以上原因，他得到了来自黑人的大力支持。在经济方面，他重视市场的自我调节功能，试图摆脱浸润了自由派风格的低效率政府以及增税等的负面印象。他分别站在保守和自由派的立场，努力推动政权摸索让两者折中的第三政策方案，这被称为“三角测量战略”。

克林顿执政初期最吸引人眼球的政策是在美国这个唯一一个未能实现全民保险的发达国家推行系统的医疗保险改革，减少无保险者，降低不断高涨的医疗费用。尽管保守派也认识到这个课题的重要性，但是如果政府扩大对医疗保险的干预，显然还是会引起反对意见。克林顿政权并没有提出公共医疗保险的统一化，而是提出了较为谨慎的方针，在降低民间医疗保险价格的基础上要求参保成为每个人的义务。但这反而使得政策法案复杂化，难以进行有效的宣传，最终导致立法失败。

克林顿的特色路线还体现在对外政策方面。以工会为基础的民主党内部强烈反对前布什政权签订的北美自由贸易协定，认为贸易自由化会导致国内工作岗位丢失。但是，克林顿在共和党议员的帮助下，于 1937 年年末通过了该协定的实施法案。克林顿就这样瞄准了介于自由和保守之间的“第三条道路”。

2 走向“无法决断的政治”的道路

1994年选举和政党间竞争的新格局

与克林顿的折中不同，共和党在此期间完成了党内的保守化。这表现在1994年的议会选举中，共和党的联邦众议院议员候选人中有半数以上在具有保守色彩的《对美国的承诺》公约书上署名之后参加选举。这份承诺书的内容以经济领域为中心，包括减税和财政平衡，以及福利改革等内容。这种异于常态的团结状态是由纽特·金瑞奇（Newt Gingrich）等众议院的共和党领导层统一牵头的，保守派智库则对承诺书的策划给予了支持。

在这一年的选举中，共和党时隔四十年在国会两院获得了多数。尽管新任总统所属政党的国会议席几乎都会在政权第二年的选举中减少，但是这一次共和党在众议院却多了五十多个议席，这甚至被称为“共和党革命”的开始。这一历史性胜利在两点上反映了极化之后两大政党的新势力版图。

第一是两大政党的地域划分。终章的图表6-1展现了2000年总统选举的结果。显而易见，共和党在南部各州成为多数党，与原本势力就强的西部内陆地区合起来形成了L形地域，巩固了支持地盘。民主党则在东西两海沿岸的大城市和中西部产业化较为发达的地区形成优势，与对手有比较明显的地域差别。因为近几年民主党

N. 金瑞奇提出保守性质的公约书《对美国的承诺》，共和党在国会两院占据多数派。他担任众议院议长，是推动此举的中心人物。摄于 1994 年①

和共和党各自的代表色分别为蓝色和红色，因此有人将这种现象称为“红蓝美国”。

最终，在总统和联邦参议院选举中，有八成左右的州在事前已经基本明确获胜政党。两大政党割据之外剩下的几个州将决定选举结果，成为竞选异常激烈的“战场州”。基于以上情况，以全国为单位的关于总统选举的舆论调查结果基本对预测不起作用。

在不同州中都能够看到民主党在城市、共和党在其他地区更占优势的趋势。因此众议院议员选举中，大半选区的走向是清晰的。选举资金逐步集中在两大政党支持力量势均力敌的部分选区，以及在任者优势不起作用的非现职选区。

---

① 图片来源：https：//prospect. org/power/key-understanding-new-congress-gingrich-s-contract-america/

由于共和党在南部获得统治地位，国会中共和党和南部民主党议员互相合作的“保守联盟”也在 20 世纪 80 年代后消失。不过，也有少数民主党议员不断从南部被选出。他们大多在思想意识上偏于中立，称自己为“蓝狗”（名称来自他们自认为被党内的自由派压迫，从而脸色发青，形同蓝色），在比原来势力减弱的议会民主党内发挥作用。

第二是两大政党在全国范围内势均力敌的对抗。重视改善“无产者”境遇的民主党依然比共和党拥有更多的支持者。但是，共和党支持者的社会经济地位相对更高，在投票率上要高于民主党支持者。

另外，民主党支持者集中于城市地区，而共和党支持者则居住在全国各地。在小选区制下，无论在同一选区获得多大优势的胜利，都只能得到一个议席，因此如果支持者过度集中在某些地区是不利的。而在人口较少的州，无论是总统选举人还是国会议席，其代表意愿都过度放大了。因此比起民主党，共和党能更有效地赢得选举。

因此，从全国范围来观察政党制，可以发现民主党之前的优势地位发生了变化，两党开始势均力敌。1994 年以后的联邦议会选举中则是共和党占优势地位。在州一级也是共和党的支持者在全国范围内分布更广，也控制了多数州政府。这种势均力敌的状态和极化一起成了当今政党政治具有决定性意义的重要特征。

稳定化的支持阶层

在这一时期，极化时代的两大政党支持群体已经基本稳定了。以下是参照以调查和分析著称的皮尤研究所 2020 年报告书的数据，对几个属性进行整理的结果。

最显著的是基于人种、种族特点的不同。白人在共和党支持者（这里的政党支持者包含了无党派人士中亲近某个政党的人）中占据较多数，而黑人和亚裔等少数派则明显支持民主党。特别是黑人，有八成以上支持民主党，几乎是绝对优势。这对应了民主党在种族歧视和贫富差距方面所作的努力。

人口激增的拉丁裔美国人是指那些出生于以拉丁美洲为中心的西班牙语圈的人，这与种族的区分是不同的（既有白人的拉丁裔美国人，也有黑人的拉丁裔美国人）。他们在受到歧视的同时，也因为其中天主教徒较多而有可能会对宗教右翼产生共鸣，因此在 20 世纪 90 年代两大政党不断争夺他们的支持。进入 21 世纪之后，这个群体开始倾向于支持民主党。（表示拉丁裔的“Hispanic”与“Latino”几乎同义，都是拉美出身的意思。）

图表 5－1　意识形态极化后两大政党的特征（约为 20 世纪 90 年代后）

	民主党	共和党
政治家、支持势力的政策立场	在解决经济、社会文化两方面的问题上重视政府作用的自由派占多数，但对政府的介入程度和所重视的政策的想法各不相同。以南部为中心，还有一部分中间派。	重视自由放任的传统右翼，传统主义的宗教右翼，反共主义者和自由放任主义者等在各个领域反对自由政策的保守派。
支持者的倾向	在女性、少数种族和性少数群体、非新教徒、低收入者中所占比例较大。	在白人男性、新教徒（特别是福音派）、老年人中所占比例很大。

续 表

	民主党	共和党
处于优势的地区	支持者总人数多于共和党，但大都集中在城市。在城市较多的东西两海沿岸和部分中西部各州占多数。	比民主党支持者分布更广，在非城市地区普遍有优势。在南部和西部内陆各州占多数。

附注：就整个政党制而言，两大政党的意识形态上都出现了极化。两党在全国范围内势均力敌，但在八成的州中是其中一方政党占优势。

来源：本书作者制作。

20 世纪 90 年代以后，共和党支持者中八成以上都是非拉丁裔白人，几乎完全变成白人的政党。而民主党在 20 世纪 90 年代的时候白人不到八成，之后逐渐降低，到今天大概减少到六成左右。

其次在性别方面，可以发现女性对民主党的支持比例比男性更大一些，呈现出“性别差距”。另外在 20 世纪 90 年代，对于性少数群体的社会认知还没有像今天这么发达，本身就没有太多可以依赖的调查数据。但从 21 世纪的投票行为上看，性少数群体绝大多数都支持民主党。

在宗教方面的支持者可以分为基督教和其他立场的支持者。新教徒中，黑人支持民主党，而白人则多数支持共和党，其中尤以福音派为甚。同样是基督教，天主教群体对两大政党的支持几乎是对半分。犹太教等其他宗教的信徒多数支持民主党。

最后，两者都会受到与社会经济地位相关的收入和教育程度的影响，除了低收入者基本倾向于民主党之外，其他群体的情况较为复杂，而且会发生变化。

在美国，学历与收入之间有较为明显的正相关性，但是在政党支持倾向上却呈现出正好相反的特征。收入较高的人群容易支持推行对“有产者”有利政策的共和党，而受教育程度较高的人群则是自由派居多，更倾向支持民主党。

到 20 世纪 90 年代为止，还看不到这种由学历和政党支持之间的固定相关所反映出的紧张关系。但是进入 21 世纪之后，学历与对民主党支持的正相关性增强。最高学历为高中毕业的阶层多为共和党支持者，学历越高则支持民主党的比例越高。之所以会出现这种状况，可能与民主党以下几点变化的影响有关：一方面是在经济方面对自由主义的承诺相较于以往减弱，另一方面是对消除歧视和环境保护等焦点问题关注的增加。

“无法决断的政治”的出现

共和党在 1994 年的选举中成为议会多数党，开始以由众议院议长金瑞奇为中心推进《对美国的承诺》的立法。民主党对此进行抵抗，政策制定上的僵持状态更加明显。1995 年，共和党准备彻底削减年度开支，包括克林顿在内的民主党不愿妥协，因此到新会计年度开始的 10 月份都没能通过预算法案。之后制定临时预算的立法也没能如期颁布，从 11 月到第二年，断断续续有二十六天的时间，联邦政府都处于部分关停的状态。

从 20 世纪中叶开始，议会多数党和总统的所属政党不同的分裂政府就频繁以共和党总统和民主党多数派议会的组合形态出现。即便如此，因为此前两大政党在意识形态上是重合的，想要超越党派合作推进某项立法并不困难。

但是，随着两大政党极化的不断发展，分裂政府中总统和议会多数党的想法也开始出现分歧。如果两者不能达成妥协，议会要想越过总统的否决权，就必须获得上下两院三分之二以上的赞成。在两大政党势均力敌的背景下，要获得相应的票数是非常困难的。即便不是如此，参议院少数派也可以通过冗长辩论阻碍议案通过。要想阻止此举，现在需要六成议员的赞成。

如序章所述，美国议会中政党的约束力较弱，每个法案都必须形成多数派才可通过，因此政策决定本身就不够高效。这与两大政党的极化、均势对抗，以及立法需要多数赞成等制度叠加在一起，导致美国版“无法决断的政治”的产生。

在 1995 年末开始的政府关停事件中，议会共和党不肯妥协的态度不断受到批评，因此共和党一方的态度也逐渐软化。之后，两大政党开始以相对公平公正的姿态互相协助。1996 年通过了大幅降低福利的历史性改革立法。1999 年废除了 1933 年颁布的规定商业银行和投资银行分离的《格拉斯-斯蒂格尔法案》(Glass-Steagall Act)。这些管制放松政策也被认为是导致从 2008 年开始的经济危机的一个原因。

克林顿执政之后，美国经济持续增长。1996 年总统选举，克林顿毫无悬念地再次当选，并在 1998 年实现了财政盈余。另外一方面，共和党虽然在 1996 年、1998 年国会的两院都维持了多数派地位，但是在众议院中的议席却在持续减少。金瑞奇在 1998 年选举中对共和党的颓势承担责任，不仅辞去了众议院议长一职，甚至辞去了议员身份。

丑闻的利用——“使用其他手段的政治”

20 世纪 90 年代，出现了无论哪个政党在选举中获胜都无法推动政策的僵局。此时一种新的政治手段引发关注，即暴露对方党派政治家的丑闻和违法行为，让他们失势下台。

克林顿政权自始至终都被公私两方的丑闻所困，这并不只是其政权自身的问题。1994 年，出现了名为“司法观察组织”、具有保守性质的政府监视团体。它灵活利用信息公开制度和诉讼手段，将民主党政治家逼入绝境。自由派一边也在 2003 年组织了名为“华盛顿责任与公民道德组织”（CREW）的政府监视团体，与之对抗。

克林顿与白宫实习生莱温斯基的性丑闻发生之后，1998 年 12 月众议院通过了弹劾决议，并于第二个月进行弹劾审判。这个事件是由议会中占多数的共和党主导的，总统也存在作伪证等违法行为。尽管如此，因为丑闻与总统公务关系不大，是否值得为此弹劾总统一事从一开始就被打上问号。这件事也表明了避开选举、“使用其他手段的政治”打击政敌的行为正在逐步升级，

保守系媒体在这段时间对克林顿大肆攻击，表现极为突出。在美国，三大电视网络和《纽约时报》等主流媒体的大部分都被看作是倾向自由派的。而从 20 世纪 80 年代开始，出现了少数支持保守派的媒体，报纸有《华盛顿时报》，广播节目则有拉什·林博（Rush Limbaugh）脱口秀等。

有线电视新闻专门频道 CNN 具有自由派的倾向，而 1996 年出现的对手“福克斯新闻频道”通过对此次弹劾审判的报道获得了保守派的信赖。在此之后进入网络时代，媒体的极化倾向越发严重，人们则倾向于根据支持政党的不同而选择接受不同的媒体。

2000 年总统选举的混乱局面

对于克林顿的弹劾审判在 1999 年 2 月以无罪宣判告终。但是

这场审判暴露出整个 90 年代两大政党不仅两极分化、势均力敌，甚至开始互相仇视的问题。在选出 21 世纪首位总统的 2000 年总统选举中，这种新型政党制特征被更集中地表现出来。

这次选战是在克林顿政权的副总统阿尔·戈尔和 H. W. 布什的长子乔治·W. 布什之间展开。两人都是南部出身，也都是各党最近的总统的继承人。选举结果非常接近，在普选中戈尔比布什高 0.5%的得票率，而选举人票则是布什比戈尔多少许，差距很小。

在佛罗里达州最初的统计中，布什在六百万票中，多出约一千七百票，而且在一部分地区中还使用了很难确认投票内容的投票方式。因此戈尔发起诉讼，要求重新进行统计，这一走向将会左右选举结果。

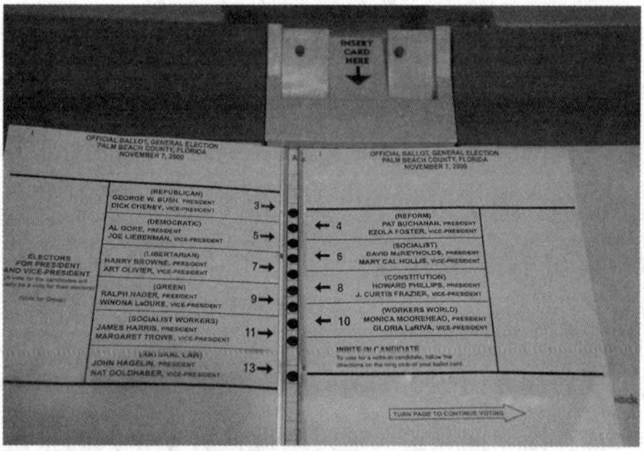

2000 年总统选举出现混乱局面的原因之一——佛罗里达州棕榈滩县的投票纸①

关于是否进行重新计票，由州最高法院和美国最高法院的判决决定。

① 图片来源：https：//www. wlrn. org/post/elections-palm-beach-county-butterfly-ballot-effect#stream/0

佛罗里达州最高法院作出了按照戈尔的主张重新计票的判决。但是，布什一边向联邦最高法院上诉据理力争，最终的判决结果认为在法定的总统人选确定日之前无法完成恰当的重新计票，因此否决了再次计票，判定布什胜利。

在此次布什与戈尔的诉讼案中，判定布什胜利的五名法官都是由共和党总统任命的。在围绕司法的意识形态对立加剧的背景下，这些法官的行为被批评为具有党派性质。

另外，在此次总统选举中，关注环境保护等议题的美国绿党拥立了因消费者运动等为人所熟知的拉尔夫·纳德（Ralph Nader）而备受瞩目。但其未能在接下来的选举中获得接受国库支持选举资金所必要的5％的得票，这再次显示出第三党的局限性。不仅如此，纳德因为与同为自由派的戈尔争夺票数而被民主党和其支持者责难为布什的胜利作出了贡献。

W. 布什政权推行保守政策

布什与其思想上比较稳健的父亲不同，是福音派中常见的皈依经历者（即接触过神的存在从而开始确立信仰的个人体验），是非常明显的保守派。但是在2000年的选举中，为了获得中立选民的投票，他提出了较为稳健的政策方针，即“有关怀的保守主义”。由于是在普选之后的混乱局面当选的，当选的正当性受到质疑，因此他启用了民主党人诺曼·峰田（Norman Mineta）为运输部长，致力缓和党派关系。

2001年9月，多地同时发生由伊斯兰激进恐怖组织基地组织发起的恐怖事件，在此之后政府开始依照特殊时期的传统，以总统为中心进行超党派协助。第二年10月通过了防止恐怖袭击的《爱国者法》，尽管其中包含了一些如限制通信秘密等引发争议的内容，审议流程也是匆匆忙忙，不过还是在国会两院获得了压倒性多数的赞成。

同月，美国开启了与支持基地组织的阿富汗塔利班政权的战争，2003 年 3 月发动伊拉克战争。对伊拉克的战争是基于伊拉克的萨达姆·侯赛因政权制造大规模杀伤性武器这一不确定的信息，但后来证实这些信息是错误的。2002 年 10 月国会通过了同意总统对伊拉克行使武力的决议，并获得了超党派支持。

与内政相比，外交受到两大政党极化影响较小，但是也能够看出意识形态对布什政权应对恐怖政策和军事方针上的影响。共和党比民主党更为积极地运用军事力量，被称为新保守派（Neoconservatism）的保守派分支主张允许先发制人攻击独裁国家而使其民主化的预防战争。布什政权的决定与重视军事力量的强硬派以及新保守派都有着较紧密的联系，这也导致了其对伊拉克局势的错误判断。

除此之外，布什也推行了一些保守性的政策。2001 年 3 月，美国宣布退出旨在减少温室气体排放的《京都议定书》。同年以及 2003 年，通过了大规模的减税立法。同样在 2003 年，通过了禁止妊娠后期堕胎的部分立法，这一法案曾经在 20 世纪 90 年代后半期被国会批准，但是因为克林顿行使了否决权而被废弃。就这样，布什试图在经济和社会文化两方面都满足保守派的期待。

2004 年的总统选举，伊拉克战争的是非问题成为争论焦点。布什虽然在普选的得票率仅比对手高 2%多一点，但是加上共和党的 L 字形地盘，获得了多个战场州选票，击败了民主党候选人参议院议员约翰·克里（John Kerry），成功连任。

国会内政党领导层对权力的强化

布什总统在任的八年间，之前就已经极化日益显著的两大政党在政治领域中呈现出势均力敌的对抗状态，这导致政策制定和选举都出现了新状况。另一重要特征是政府内外的政党组织作用被强化。

在政策制定方面，国会内部各政党议员行动步调进一步统一。法案审议的基本方式是在各个政策领域设置的委员会和下设分领域的小委员会中对议员提出的法案进行审议。一般只有在委员会和小委员会中获得过半数支持的法案才能被提上正式会议的议程，之后不用作任何修改就能获得通过。各个委员会的委员长基本是由分配到的议员中多数党的首席议员自动担任的，因此立法流程具有高度的分权性质。

但是，1994 年选举中成为多数派的共和党在各院的党议员大会上不再遵循前任优先制来选举委员长，委员长的任期也受到了限制。虽然在实际操作中，某种程度上也尊重了前任优先制，但是委员长还是要被迫考虑党所属议员多数派的意愿。

进入 21 世纪之后，院内多数党领导层对法案的起草和审议过程的控制越发明显。委员会审议受到限制，甚至被完全跳过的情况逐渐增加。

在本应以分权性为特征的国会中，政党领导层开始手握巨大权力。从图表 5－2 可以了解到，除了两大政党的意识形态差异日益扩大之外，还因为各党中议员的意识形态统一的倾向逐渐增强。一党内议员们的想法如果越相似，普通议员和他们选出的党领导层的想法就越接近。于是，普通议员看起来似乎是主动将更多的权力交

图表 5-2 两大政党在联邦议会众议院的极化

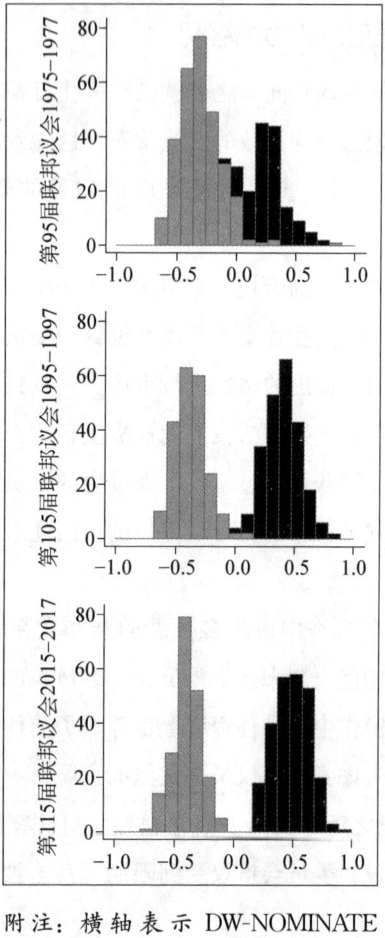

附注：横轴表示 DW-NOMINATE（一次元），纵轴表示议员实际人数。灰色代表民主党，黑色代表共和党。因为包括了各议会时期的所有在籍人员，所以各届议员总人数略有不同。

来源：根据 Voteview. com 数据，由本书作者制作。

予领导层。

只有在极化这一前提下，政党领导层才能扩大其统治影响力——这种想法被称为“带有条件的政党政府论”。不过，政党领导层不能强制党所属议员赞成或否定法案这一点是不变的。因此要通过法案，每次都必须形成院内多数派。因为有需要特别多数赞成才能成立的制度存在，即便多数党在领导层下统一，对立政党议员的协助也是必不可少的。

但是，随着两大政党的意识形态距离扩大，要想获得这种协助变得越发困难。这一变化导致议会的僵持状态更加严重。有一个指标体现了这一点，即提议法案真正成为法律的通过率，其在克林顿政权的八年间大约为 4.8%，而到了布什执政的八年间则降为 3.8%，降低了两成以上。

政党组织的复活

如前章所述，选举战变为“以候选人为中心”的形式展开，因此 20 世纪下半叶政党组织逐渐衰退，无党派群体增加。20 世纪 80 年代末，甚至有人认为政党不久将失去存在的意义。但是之后政党组织通过两个手段提高了其在选举中的存在感。

第一是为本党候选人提供、引介各种资源。

现代选战需要灵活利用电视和网络的宣传报道，在选区进行民意调查，并以调查为基础构建选举战术。而且随着竞选的进一步专业化，需要更多的资金支持。政党组织以各种形式支援候选人，如开展选举策略讲座，介绍选举专家并直接提供选举资金，引荐大额捐赠者等。

党组织除了在选举时提供这种服务外，还会为当选之后的新人召开应对媒体和政策制定技巧等问题的研修会，以此期待总统就任之后对政党的协助。

全国政党委员会的存在也成为各地政党组织的重要性日渐增加的背景。尽管过去全国政党委员会只是作为各州党组织的协议机构存在的，但是从这一时期开始，它们也为了努力提高资金筹措能力和使政党势力最大化而在全国范围内支援各地的竞选。以往国会选举中处于劣势的共和党为了卷土重来，20 世纪 80 年代开始扩大全国政党委员会的作用，民主党为了追赶其步伐也相应采取了同类措施。

第二是政党组织加强了对选战的直接参与度。

20 世纪下半叶，美国竞选的中心变成由电视和电台播放广告的“空中战”。但到了世纪末，政党开始意识到对选民进行动员的话，直接接触会比广告更加有效。在此之后地方层级的政党组织再次得到强化，支持者的名单也得到完善。到了选举期间，政党组织会与候选人组织相互配合，通过动员志愿者入户访问和打电话等进行“地面战”，积极对选民进行个别游说。

另外，“微观目标锁定”的方式开始盛行。“微观目标锁定”指的是针对各种名单数据锁定一些想要动员的选民的属性，根据其属性选择适合的形式进行动员。当然，优先考虑的是那些只要动员到就会投票的选民。从整体来看，老年人和社会经济地位较高、投票率本就较高的人群比较容易受到动员，而年轻人和少数群体则被放在后面，这造成了不同群体的政治参与度落差扩大，政治变成了“谢绝受邀宾客以外的人”的活动而招致批评。

政党组织因此重新复活了。不过，这段时期不仅是政党，利益集团也会参与“空中战”，两者开始通过电视等媒体就某些特定的议题频繁为自己的意见打广告。

下文会提到2010年的最高法院判决中对竞选宣传广告作出了一定程度上的解禁，但就原则而言，如果“议题广告”指向其支持的特定候选人，或在广告内对特定候选人表明支持或不支持的态度，这在选举法上是不被允许的。但是，比如环境保护团体介绍现任议员投票反对限制废气排放立法是允许的，那么对于观看议题广告的人来说，其意图也是非常明显了。

政党组织和利益集团活动在竞选中的影响力已不可忽视，与此相应也出现了试图抑制其活动的立法动向。2002年美国通过了管理选举资金和选举活动的《跨党派竞选筹款改革法》（“麦凯恩-法因戈尔德法”）。这部法律禁止政党组织将以其他目的为名号筹集到的资金用于竞选，也禁止企业等法人向选举之前放映的议题广告提供资金支持。

进入21世纪之后，两大政党都强化了党内的团结和意识形态上的对立。在这个过程中，两者都加强了互相攻击的态势。

3 不具统一性的两大政党的对决政治

2008年总统选举和奥巴马当选

W. 布什政权在经济和社会文化两方面都努力争取保守派。但是，随着与阿富汗以及伊拉克的战争陷入僵局，大量士兵在战场上死去，以及财政赤字也变得极为庞大，他逐渐被共和党支持者抛弃。

在2006年的选举中，民主党时隔十二年之后在国会的两院恢复了多数派的地位。执政末期，布什的支持率下降到了25%，已经接近辞职前的尼克松的24%。

2008年的总统选举中，民主党中被视为最有力候选人的参议院议员希拉里·克林顿（前总统克林顿的妻子）与参议院新议员巴拉克·奥巴马一直到全国党代表大会都难分伯仲，最后才一决胜负，这一局面十分出人意料。奥巴马在普选中战胜了共和党参议院议员约翰·麦凯恩（John Sidney McCain），成为史上第一位黑人总统。

奥巴马以其超凡的魅力和“我们需要的变革（change）”“是的，我们行（Yes, we can）”等超越党派的宣传口号受到了各方期待，甚至成功动员了年轻人和黑人中社会经济地位不高、一般不会去投票的群体，这成为其优势。在普选前的2008年9月，发生了以雷曼兄弟投资银行破产引发的金融危机（即次贷危机）。当时麦凯恩所采取的对应措施表明他显然未能理解事态的严重性，这导致对他的评价降低，也为奥巴马提供了有利局面。

在这次选举中，奥巴马募集到了大约七亿四千万美元的捐赠金额，这个数目让人大为吃惊，因为它超越了上一次总统选举全部候选人的捐赠总额。他是1976年实施该制度以来首位在普选中没有接受国库选举资金支持的主要政党总统候选人。奥巴马强调自己的资金多半都是小额捐款，是“民主资金”。但是在他之后，不接受国库选举资金资助成为常态。不可否认这助长了金钱选举。

奥巴马执政期间政党矛盾的激化

奥巴马在2004年民主党全国党代表大会上进行的演讲广为人知。他在演讲中讲述了自己的经历。他的母亲是堪萨斯州出身的白人，父亲是来自肯尼亚的黑人留学生。他将美国人的多种体验结合起来，高呼“既不是自由的美国也不是保守的美国，我们拥有的只有一个，那就是美国”，一战成名。

他在2008年的竞选中强调应该超越党派和意识形态互相帮助，在就任总统时获得了近70%的历史最高支持率，甚至一度有人认为“里根时代”结束了，在自由派占优势的前提下，两党已进入相互合作的时代。

但是共和党即便在经济危机时期也没有对奥巴马政权提供帮助。2008年的选举中，民主党在议会两院的议席大幅增加，奥巴马与议会民主党互相协助，于2010年春实现了克林顿政权未能落实的全民医疗保险改革。在这个后来被称为“奥巴马医改”的历史性立法中，共和党议员没有一人投赞成票。

但是之后民主党在国会选举中节节败退，分别在 2010 年和 2014 年失去了众议院和参议院的多数派之位。奥巴马虽然在 2012 年的总统选举中获得连任，但是因为疲于应对两场战争和经济危机，除了“奥巴马医改”之外几乎没有取得什么独立的政绩。奥巴马执政期间，联邦政府功能不健全的问题日益显著。提交国会的法案中能够获得通过的比例进一步降低到 2.7%。

与这种功能不全相伴随的是国会内政党之间紧张的关系。政治学家弗朗西斯·李（Frances E. Lee）认为其原因是国会中两大政党的势均力敌。因为不知道谁会在下一次选举中胜出，即便是多数党也无法推进立法，在这种状况下只能互相提防对方做出成果，除此之外没有任何作用。

奥巴马执政期间甚至出现了在委员会审议法案的时候多数党一方不给少数党一方看法案的露骨干扰。过去，议员之间超越党派的朋友关系并不少见，但是现在这种个人之间的交往正在消失。近几年，立法上出现两种极端状态，一方面是大多数法案无法通过，另一方面是一部分重要法案经过两党领导层的调整后获得压倒性多数支持通过，这两种极端状态越发突出。

茶党运动与共和党的党内矛盾

值得注意的是，奥巴马执政时期联邦政府的工作效率较低，这不仅因为两大政党间的对立，还因为存在各党内的摩擦。在民主党内部，包括“奥巴马医改”制定期间，作为多数派的自由派和南部的中立派蓝狗联盟之间的摩擦日益明显。而围绕 2009 年的茶党运动，共和党内的对立更为严重。这些都对整个政党政治产生了巨大的影响。

茶党运动在国会议事厅前反对医疗保险改革集会，2020 年 3 月 20 日，议会众议院表决前日（本书作者拍摄）

W. 布什和奥巴马两任政权为应对经济危机，向金融机构注入了公共资金，进行了大额的公共投资。2009 年 2 月，一位电视评论员发表评论，认为这些措施都是浪费金钱，因此打算组织“茶派对”进行反对。这次发言之后，各地开始逐步组织起茶党运动（这一称呼来自美国革命时期殖民地的抵抗运动名称）。之后他们获得了保守系财团的支援，茶党运动通过网络以星火燎原之势逐步扩大。

茶党运动以经济争议为中心，主张降低政府的作用和缩小政府规模，强烈反对医疗保险改革。在 2010 年国会选举中，茶党运动所支持的候选人相继代表共和党参选，当选者数量甚至达到两位数。

但是，茶党运动对于共和党的卷土重来不算有很大贡献。因为在接受了茶党运动支援的新候选人中，有一些虽然在共和党的预选中击败了连任呼声很高的现任议员，但是在正式选举中却因为极端保守的主张而败北。

茶党运动派议员虽然属于共和党，但是他们最先考虑的是如何缩小联邦政府规模，对共和党不够忠诚，因此经常会引起议会共和党混乱。最明显的例子就是2013年进行的2014会计年度预算审议。

国会众议院的茶党运动派议员对于已经开始实施的奥巴马医改的预算措施进行了强硬抵抗，而共和党议员多数派也对此表示赞同。但包括议长约翰·博纳（John Boehner）在内的众议院共和党领导层判断，参议院既然以民主党为多数，避开奥巴马医改的预算是无法通过的。

20世纪90年代之后有一个不成文的规定，那就是众议院议长不得向国会提交不被多数派议员支持的法案。如果把加入了奥巴马医改的预算提上议程，那么肯定能够在共和党少数派和民主党议员的赞成下通过。但博纳议长遵循了这个不成文规定，只审议了不包含奥巴马医改的预算法案，并在众议院获得通过。

结果是民主党占多数派的参议院对此无法认同，进入新会计年度之后的10月1日开始，政府部分关停。即便如此茶党运动派议员们也没有妥协，最后博纳打破了不成文规定，提交了加入奥巴马医改的补充预算法案，终于在17日获得通过。

在此期间，茶党运动派的议员们还反对提高联邦政府债务上限。因为这一预算法案包含了临时取消债务上限的规定。如果不通过的话，联邦政府可能会陷入历史上首次债务违约危机。围绕预算法案，从第二年开始，除了两大政党间的矛盾之外，共和党内也持续混乱。2015年，博纳苦于应付茶党派议员，最终辞去了议员身份。

克服“无法决断的政治”的动向

共和党内部围绕着茶党运动的不和充分表明了两大政党极化的实际状况。如前所述，两大政党的极化由政党间意识形态差异的扩大和各个政党内部意识形态的集中化两方面构成。在此期间，两大政党意识形态的差异甚至扩大到党内议员一致反对对立政党方针的程度。但是如茶党运动所示，党内的集中化也没有发展到能够统一起来推进某个特定政策方针的程度。

不过，世上原本就不存在不做任何努力就在政策上达成一致的政党。迄今为止我们所看到的党内混乱之所以会发生，是因为党的领导层无法在议会等场合控制政治家，即政党约束力较弱。此外，两大政党势均力敌的对抗局面和需要特别多数赞成的政治制度互相作用，使得“无法决断的政治”的混乱状况进一步加剧。

在这种状况中，出现了试图通过改变制度来找到突破口的动向就不难理解了。2013 年，作为参议院少数派的共和党对于奥巴马的人事提名进行抵制，对此深感烦恼的民主党在参议院中启动了“核选项”即最终手段。改变参议院规则只需要半数赞成即可，因此他们将规则变更为最高法院法官以外的政治任用不允许使用冗长辩论。

尽管在这次变更之后，人事变动得以顺利推进，但是使用冗长辩论阻挠立法的状况依旧，因此对于国会的无法作为忍无可忍的总统通过向行政机构下达总统令的形式单方面改变政策的动机也变得更加强烈。不过，因为受到宪法和法律的约束，这种命令也并不是万能的。以下的例子就充分体现了这一点。

2013 年，国会针对国内的上千万非法移民所制定的全面性移民制度改革立法受挫。奥巴马在 2012 年面向行政机构提交的总统备忘录中给予那些在懂事之前就被带来美国的非法移民一定条件下的在留资格，2014 年又将获得在留资格的对象扩大到了这些孩子的父母身上。但是，诉讼的结果认定这种范围的扩大是违宪的，因此在 2016 年判定其无效。

参与选举的新组织

解决“无法决断的政治”这一目标就这样始终无法达成。与此同时，政府之外发生的两件事又推动了两大政党极化的进一步加深。

第一件是参与选举的政党外组织的增加。

随着 2002 年《跨党派竞选筹款改革法》的执行，政党组织很难如从前那样接受大额捐款用于竞选。向政党及相关组织捐赠资金的资本家们成立了一些新组织来进行各种活动，如播放议题广告和动员投票等，借此参与到竞选中。

这种政党的外围团体有几个种类，根据其被管辖的税法条目被称为“527 团体”或者“501（c）团体”。比如共和党系的 527 团体 GOPAC 是面向州、地方层级选举培养候选人的组织。

在之后的 2010 年，出现了超级政治行动委员会（超级 PAC）。这一年最高法院在“联合公民诉联邦选举委员会案”的判决中，认定基于《跨党派竞选筹款改革法》中对议题广告的限制是对表达自由的侵犯，判定该法案的相关规定违宪。

基于此判决，法人对议题广告的资金支持限制被取消，同时可以通过议题广告对候选人提出支持或者不支持的要求。企业相继投入巨额资金，组织了政治行动委员会（PAC），又发展出了超级

PAC。尽管被指责为金钱政治，它们依然十分活跃。

如今，各种利益集团提供的议题广告多从保守和自由意识形态对立的角度来解释争议点，并据此来评价候选人。在多数选区，人们接触到超级 PAC 和 527、501（c）团体等制作的意识形态议题广告之后，也倾向于将政治理解为意识形态的对立。

选民也开始极化

第二点是在政党的支持者中也出现了极化的征兆。

从 20 世纪 70 年代两大政党的政治家出现极化之后，有保守倾向的选民和有自由倾向的选民也随之分化，各自支持共和党和民主党。这种“分类”的状况不断发展，因此到了 21 世纪初，共和党支持者比民主党支持者整体偏保守。不过即便如此，选民全体中仍然以中立者居多，还没有达到政治家那种极化程度。

政治家和选民的差异是有原因的。按照意识形态行动就意味着在各种议题上都采取一贯的意识形态立场。在竞选演讲和议会投票中，政党政治家们一举一动都受到利益集团等的关注，因此为了照顾各种议题相关的意识形态支持群体，无论是什么议题，他们都会表明基于同样的意识形态立场，也就会表现成明显的自由派或者保守派。

普通人没有这样的限制。因此一直以来，他们可能在经济上保守，在社会文化方面趋向于自由。更多情况下，他们的意识形态不具一贯性，综合考察人们对待议题的各种态度之后，会发现更多人是选择中立。

但是，皮尤研究所在 2017 年的报告书中指出，以政治关心较强的群体为中心，采取一贯意识形态立场的选民有所增加。21 世纪初，两个政党的支持者中有很多人都是中立的。之后的十几年里，因为两党的极化，在意识形态上持一贯立场的支持者越来越多。对政治关心较为强烈的阶层在投票率较低的预选中有巨大的左右作用。为了获得他们的支持，政治家的意识形态表现可能会变得更为极端。

选民的“感情极化”

选民一方面对支持政党抱有强烈的情感，另一方面对对立党派则长期抱有敌意。皮尤研究所在 2016 年的调查中首次指出，共和党与民主党的支持者各自有过半数对对方政党和其支持者感到愤怒和不满，这种变化被称为选民的“感情极化”。

另外，当下回答对两大政党都没有完全认同感的无党派群体人数已增长到总体的四成左右。但其中大部分人都会回答对某一个政党有亲近感，很多人也会像支持者一样投票，因此与两大政党的任何一方都保持距离的“真正”无党派选民大概只有总体的一成左右。

很多选民一旦具有了意识形态倾向，对对立政党产生了敌意，就会在同一党派中稳定下来，与对立党派的接触也会减少。实际上在今天的美国，因为支持政党不同，居住区域和社交媒体上的交往群体也出现了分化。近几年政治学盛行使用实验的研究，甚至出现了这样的分析结果：对党派的态度甚至会对网上寻找交往对象和企业招聘时的选择产生影响。

因此，政党政治家要想获得广泛阶层的支持就变得越来越困难。过去像“里根民主党人”那样支持对立政党总统的选民并不少见，但是到了奥巴马执政期间，其来自民主党支持者的支持始终超过八成，而来自共和党支持者的支持不满两成。

选民对支持政党态度的不同在各个政策中也有所体现。同样是陷入泥潭的战争，越南战争时期，在有关战争妥当与否的舆论调查中，不同回答者几乎没有出现支持的政党上的差异。但是在伊拉克战争中，民主党支持者从一开始就强烈反战。

选民对于支持政党以外的人不再关注，意味着政治家在选举中失去了获得对立政党支持者选票的可能性。实际上，分裂投票的比例也在减少。因此在今天的竞选中，政党最为重视的就是切实动员构成自己政党支持底盘（基本盘）的选民。政党支持者在意识形态和感情上的极化也有可能会加剧两大政党的极化。

最终章

美国政治会走向多数决定主义吗?

政党与政党制的制度化

至此，本书已从政党及政党制的制度化，以及具有弹性构造的两大政党的长期变化这两个角度探讨了美国政党政治史的发展。在收尾之际，先简单回顾此前的考察。

美国在 18 世纪下半叶建国以及制定宪法时，并没有设想过政党会成为政治的推动者。相反，党派的存在被认为会妨碍共同善的实现。即便是这样，现实中还是有联邦派和共和派两个党派相继登场，二者一直竞争到 19 世纪初。共和派实现一党统治之后，从 19 世纪 30 年代开始又有民主党和辉格党两个以大众为基础的全国性政党与之展开竞争。

民主党及其之后出现的主要政党都采取了全国党代表大会制度，横跨联邦、州以及地方所有的层级，在全国范围内展开活动。在联邦政府内部，政党的力量不仅影响了总统和议会，还通过政治任用制度渗透到了行政机构和法院。在 19 世纪的“政党时代”，各个地区的政党组织全面地掌握了当地支持者的信息并对他们进行动员，甚至对支持者的生活也产生了影响。20 世纪以后，尽管动员的程度有所减弱，大半选民还是对两大政党的其中一方抱有深厚的感情。

两大政党投入竞选后，与选举有关的正式制度也随之发生变动。19 世纪中叶两党制固定为民主党和共和党的组合之后，二者之间的竞争被视为理所当然。

在 20 世纪转折期的进步主义时代，联邦政府采取了匿名投票和直接预选等制度，阻止两大政党之外的党派参加竞选并帮助两大政党积极投入竞选。20 世纪 70 年代，两大政党因《联邦选举运动法》而开始在选举资金方面享有优待。两大政党以及由其构成的政党制不仅获得了广泛的支持，还成了美国正式制度的一部分。

具有弹性构造的政党的变化轨迹

另外一方面，美国的两大政党都具有弹性构造，即内部约束力较弱、内外区分壁垒较低。尽管政治家和选民理所当然倾向于某个政党，但是政党内部并没有党员制度和持久的政党纲领，也没有发展出政党领导层指挥党内政治家的机制。政党政治家和政党组织在选择政治立场时，会首先考虑获取当地的支持，同一政党内部因为地区不同而在立场上有某种程度的差异也是顺理成章。

即便是同一政党，从长期来看，因为政党制的改变，其支持群体也发生了改变，占主导地位的政治立场也会发生变化。比如，在 20 世纪初的第四次政党制中，共和党控制了东西两海沿岸和中西部的城市地区，民主党则控制了西部的内陆地区和南部的 L 字型区域。而到了一个世纪后的今天，两个政党占优势的地区完全发生了逆转。（参考图表 6－1）

进入 20 世纪之后，决定党的正式候选人的方式由党代表大会变为直接预选制。无论是谁，只要能够在某个党的预选和之后的正式选举中当选，就可以成为该政党的政治家。政党的开放性因此进一步加强，同时也变得更容易受到利益集团和社会运动等外部组织

图表6-1　1896年和2000年的大选结果

1896年

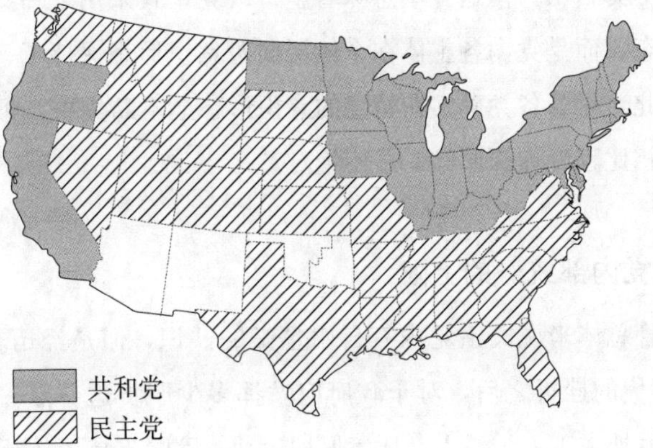

2000年

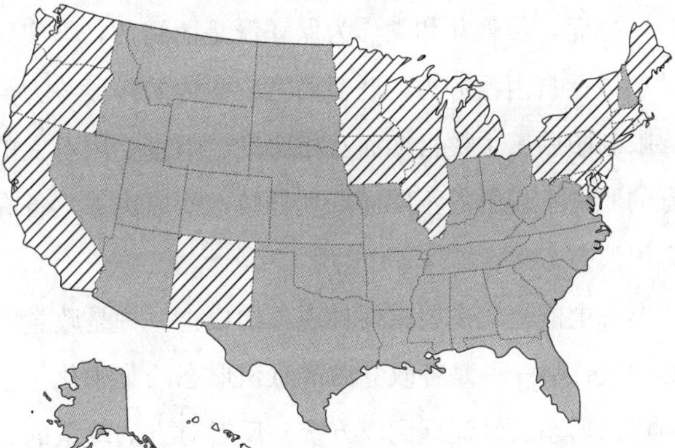

附注：1896年，人民党也提名民主党的布赖恩为候选人，这一年，布赖恩在加利福尼亚州和肯塔基州各获得了一张总统选举人票。

的影响。

20 世纪 70 年代以后，两大政党逐渐极化，共和党趋于保守而民主党更为自由。但这并不意味着整个政党正式采用了一些特定的意识形态，而是党内各主体在个体层面对意识形态保持了一贯的立场。因此，尽管各党确实在特定的意识形态上不断集中，但也只是跟以前相比程度加深而已，并不绝对。

两大政党内部统一的上限

尽管总体来说民主党内有自由主义的共识，但是经历了 20 世纪 60 年代的挫折之后，对于政府应发挥多少职责这一点一直存在争议。另外在工人、黑人、环境保护运动等不同支持团体所关心的政策方面也有较大的区别，党内不断发生围绕政策优先顺序的竞争。以南部为中心，还有一部分中立派势力。

另外一方面，尽管共和党作为保守派是团结的，但实际上也不过是各种领域反自由派势力的联盟而已。党内的各股势力会为了实现减税、限制堕胎等主要目标而互相协助，但也会因对人的本性和政府应有的职责上理解的不同而产生分歧，所以也不具备有连贯性的统一意识形态。

意识形态上的极化主要由两种现象构成：一种是政党间意识形态差距的加大，另一种是各政党内部意识形态的集中化。今天，两大政党的意识形态已经疏远到双方统一反对对方的政策的地步。但党内的集中化尚未发展到党整体能够在特定政策方针上保持一致的程度。政治学家茱莉娅·阿扎里（Julia Azari）将这种状况描述为“强大的党派心理和柔弱的政党（组织）”的组合，只要党内约束力没有强化，就很难想象各党整齐划一地行动。

尽管党内约束力较弱，各党政治家在很大程度上还是采取了具有意识形态立场连贯性的行动，这多半也是因为他们受利益集团和运动组织监控，而这些团体掌握了选举资金等政治家需要依赖的命脉。从政党规模来看，政治基础组织即财团、智库、政府监视团体、法律团体等一系列从意识形态的立场支援政党的组织在不断完善。这些稳定的组织强化了两大政党的极化，它们的活跃也从外部对两大政党制的极化状态进行固化，这可以说是新的制度化。

政治学家丹尼尔·施洛茨曼（Daniel Schlozman）和萨姆·罗森菲尔德（Sam Rosenfeld）认为极化了的美国两大政党实际上已变成无法决定任何事情的空洞（hollow）。政党组织虽然存在于政府内外，但是议会内政党的约束力较弱，选举也是“以候选人为中心”进行竞争的。对政治家和选民的行动产生更多影响的并非政党领导层，而是在意识形态上已经派系化的利益集团、政治基础组织之类的政党外组织。

极化对哪个政党有利?

两大政党的极化加上两党在全国范围内的均势对抗导致了无法制定政策的政治停滞局面，即“无法决断的政治”。那么，这种状态对哪个政党更加有利呢?

尽管两个政党在无法顺利实现理想的政策方面是相同的，但是一般认为联邦政府的功能不健全在意识形态方面更有利于保守派而非自由派，即对共和党是更加有利的。这是因为比起保守派，自由派更加重视通过联邦政府来实现某些目标。

在保守派中，传统右翼更加重视缩小政府规模和减少政府职责。当然，像宗教右翼等重视社会文化类议题的保守派会切实支持政府的管制。但是跟州相比，联邦政府在这些领域的作用并不是很大，因此功能不健全而导致的联邦政府不作为给自由派即民主党一方带来了更大的难题。

这一点明确表现在养老金、福利等福利国家政策与贫富差距之间的关系上。从 20 世纪下半叶开始，伴随美国产业结构的变化和经济活动的全球化，贫富差距的问题日益突出。政治学家诺兰·麦卡蒂（Nolan McCarty）等指出，贫富差距与国会中两大政党极化的扩大具有明显的相关性，这引起了人们的注意。

这种相关性是有原因的。如果对贫富差距置之不理，这一差距就会不断扩大，因此为了防止这一情况出现，政府必须对收入进行再分配。实际上，有不少共和党支持者在对富人征税和福利国家政策方面是倾向于自由主义立场的，甚至可以说多数选民对此也是支持的。然而自从两大政党开始极化以来，尽管民主党试图推进再分配政策，共和党却对此进行阻挠，还推进扩大差距的减税政策。贫富差距不断扩大的原因就在这里。

伴随预算法案被否决而发生的政府部分关停同样也可以按照同样的理由来理解。前文说过，保守派全面否定联邦政府的活动，对于政府的关停也不像自由派那样感到棘手。前一章提到克林顿和奥巴马执政时期的案例，以及从 2017 年开始的特朗普执政时期一直到本书执笔为止的两次案例中，民主党都更关注政府的关停问题。

不过即便是政府关停，军队等维护国防和社会经济秩序不可或缺的机构还在运转，因此两大政党都失去了对于政府关停的紧张感，这可能会导致关停的长期化。保守派甚至认为，政府关停还能节省这一期间的政府支出。

州层级政治的极化

本书重点关注的联邦层级政治在极化之后陷入了“无法决断的政治”状态。但是在州层级上情况有很大不同，这对我们思考美国今天整体的政党政治具有重要意义。

两大政党的极化在各州也是存在的，具体表现在议员们在州议会的投票行动上。不过，两大政党虽然在全国范围内势均力敌，在大多数的州还是一方的政党占据优势地位，近年来分裂政府的出现频率比联邦要低一些。另外很多州的议会与国会不同，采取的是少数派很难影响到多数派的制度。因此，与联邦层级“无法决断的政治”形成对照的是，很多州的多数党推行了一些意识形态色彩较强的政策。

针对社会文化类焦点议题，联邦政府倾向于尽量避免对社会进行干涉，州政府却必须处理所有内政上的问题。在极化不断发展的21世纪，共和党占据优势的州中的一些偏保守的政策变化引人注目，如下调福利标准、严格限制堕胎、削弱枪支管制等。而在民主党较为强势的州则与之相反，制定了一些偏自由主义色彩的政策，如强化环境保护规定和食品标识规定等。

州层级的这种动态对于理解美国今天的政党政治非常重要，主要体现在以下两点上。

第一，在联邦政府陷入“无法决断的政治”的当下，州政府的政策分量变得更重。

比如，尽管针对非法移民的政策受到了超党派的重视，但是1986年之后，正式的移民制度改革立法并没有完成。在此期间，共和党较为强势的州通过了限制非法移民接受等社会服务的立法。而民主党较为优势的州总体而言更积极地推进对非法移民的社会性包容。在不配合联邦政府打击非法移民的庇护州、城市中，也有很多是民主党占优势的。同样的情况也适用于环境保护领域，如自 1990 年的《清洁空气法》以来，国会就再没有过类似的全面立法了。

第二，在美国，包括联邦层级在内的很多选举制度都是在州法中规定的，其中也能发现多数党以对本党有利的形式调整制度的动向。这在共和党较为强势的州比较明显，有两种制度的改革较为引人注目。

第一种是提升选民投票成本。正如前文所述，尽管民主党支持者比共和党支持者人数更多，但是投票率更低。因此一般认为，将投票简易化的政策会对民主党有利。1993 年，国会通过了《机动车投票人法》，允许选民在对驾照进行更新的时候进行选民登记，这遭到了共和党议员的强烈反对。

进入 21 世纪之后，以共和党占优势的州为中心，不少州相继制定了《投票人 ID 法》，即为了防止投票舞弊，要求投票人在投票的时候出示驾照等公共身份证明。时至今日，已经有六成左右的州引入了这一法案。除此之外还可以看到减少投票所以及缩短投票所的开放时间等动向。这些措施都是对社会经济地位较低的选民不利，但是对共和党有利的。

第二种是国会众议院进行选区划分的操作。州法规定，根据每十年一次的人口普查，如果分配给州的国会众议院议席数发生改变，则选区的区划也需要变更。特别是共和党一直在积极推进被称为格里蝾螈（Gerrymandering）① 的不公正选区改划，即在占据多

① 美国政治术语，指对一个地方进行选区划分或安排，使某个政党获得不公平的优势。1812 年马萨诸塞州州长埃尔德里奇·格里（Elbridge Gerry）曾用这一手法对本州选区进行了重新划分，让敌对党的选票集中在少数选区，形状酷似蝾螈（Salamander），受到媒体讽刺，由此得名。——编者注

数席位的州议会中进行对本党有利的不自然的区划。

即便进入了21世纪，因为共和党在更多州是多数派，所以国会议员选举在选区划分方面还是对共和党有利的。2017年，已经卸任总统的奥巴马成立了全国民主党再划分委员会，旨在对选区划分进行改革。近年来，美国的民主主义濒临危机，很大程度上也是因为拜这些州层级状况所赐。

因此在今天，尽管对立的模式不尽相同，无论是在联邦层级还是在州层级，两大政党都在极化并且激烈对抗。那么在2016年总统选举中不具备明确政党归属的唐纳德·特朗普当选，对于政党政治来说又有怎样的意义呢？

承诺变化，却在政策上受挫的总统

特朗普不仅没有从属于哪个政党的公职履历，甚至也没有一贯支持的政党。他与政党之间的联系甚至比一般选民还要薄弱。但是他能够参加2016年的共和党总统候选人竞选活动，这没有政党的弹性构造是无法解释的。

特朗普之所以能够在预选中获胜，不仅因为共和党内部没有有力的候选人，还有一个重要原因是他能够动员特有的支持群体。他以一部分白人（男性）工人阶层为中心，并在此基础上扩大支持范围，获得了总统候选人提名。这些白人工人阶层认为是贫富差距的扩大导致经济不稳定，也对移民、非白人的进入抱有敌意，与民主党的联系逐渐减弱。

不过，特朗普的竞争方式也不是在所有方面都是打破常规的。动员特有的支持群体这一点与前面奥巴马动员黑人、年轻人是相通的。特朗普还因为不断发表一些无法被社会所接纳的种族、性别歧视言论而招致反感，也导致被称为“另类右翼”的右翼白人至上主义者活动频繁。但共和党支持者本来就是白人男性居多，非白人和女性的政治家远远少于民主党。

特朗普煽动起的这一分裂很大程度上也与政党间的分裂重合，这并不奇怪。支持他的人，包括共和党支持者在内，主要是一些对民主党黑人总统奥巴马两期八年持续呼吁社会团结感到厌烦的人。

当然，共和党支持者也并非都支持特朗普。但是在极化的前提下，几乎所有的选民都会给支持政党的候选人投票。因此在总统选举的普选中，特朗普和民主党的希拉里·克林顿一样，都获得了所属政党支持者约九成的票数。特朗普虽然在普选的得票数上不及希拉里，但是因为赢下了更多共和党占优势的州和战场州，最终取得了胜利。

特朗普的另类特质经常会被强调，但是他的行动也不过是将现存的政党政治结构为我所用，或者助长已有之势而已。从这个意义上来说，特朗普并没有扩大出什么新的政治领域。这在他上台之后也是如此的。

关于特朗普的丑闻很多，如说他在总统选举时与俄罗斯的合谋等，但这种利用政敌丑闻的政治手段与前面提到的克林顿政权的遭遇是一样的。另外，特朗普还因为经常说谎而出名，然而政治家为了应付一些场合而随便搪塞些话，这在奥巴马执政时期开始就已经成为人们关注的问题了。大众媒体的事实核查也长期盛行。

特朗普和奥巴马在执政期间推行政策的过程也非常相似。与奥巴马提出的“改变”一样，特朗普以“让美国再次伟大”为口号，提出了寻求变化的愿景。这在“无法决断的政治”背景下极为自然。此外，与除了医疗保险改革之外没有获得显著成果的奥巴马一样，特朗普也是除了2017年的大规模减税立法之外，到本书执笔节点为止，选举时所提出的各种政策目标几乎都没能达成。

在2018年的国会选举中，民主党在众议院重新成为多数派。执政后第二年的选举中痛失众议院多数派地位这一点上，特朗普也和奥巴马一样。因此到2021年1月为止的任期中，特朗普所推行的重要政策几乎都不可能获得通过。

特朗普还使用总统令等单方面变更政策的手段，试图实施禁止穆斯林占多数的部分国家公民入境美国等政策。这与奥巴马政权第二期的时候一样，都是在判定超党派的合力比较困难的前提下使用了同样的办法。两者的这种手法经常会在司法上碰壁这一点也有相似之处。

日益激化的政党矛盾

不过，特朗普执政期的政党政治也不都是重蹈旧辙，其有两点上的重要变化值得重视，那就是政党之间的矛盾进一步激化和各党内活动的活跃化。

第一点，政党之间矛盾的激化有多种形式，首先表现在最高法院法官的人事上。一般来说，最高法院法官的人事任命要在参议院中获得超党派的赞成，但是在特朗普当政期间却出现了很大的混乱。

事情的开端要追溯到奥巴马执政时期的2016年。在这一年2月，里根任命的最高法院保守派元老安东宁·斯卡利亚（Antonin Scalia）法官突然去世。奥巴马马上提名了稳健的自由派继任候选人。但是，在国会参议院中占据多数派的共和党以总统选举日期临近为由拒绝了人事审查，这一反应也是前所未有的。

特朗普在就任总统之后的2017年提名保守派的尼尔·戈萨奇（Neil Gorsuch）为斯卡利亚的继任，而对此表示反对的民主党一方则使用冗长辩论阻碍议案通过。紧接着，在参议院占多数的共和党对参议院规则进行了修正，认为最高法院人事任用上不能允许行使冗长辩论权。出席的全部五十一名共和党议员以及保守派较为强势的州派出的三名民主党议员赞成了对戈萨奇的提名。

在第二年2018年，与斯卡利亚同样都是被里根任命的最高法院法官安东尼·肯尼迪（Anthony Kennedy）宣布离任。特朗普提名保守派的布雷特·卡瓦诺（Brett Kavanaugh）为其继任人选，在参议院司法委员会的审查中，事态发展到了非常严重的地步。卡瓦诺的保守性，甚至他在高中等时期的性暴力嫌疑都受到质疑，几位声称受到其侵害的女性到公开听证会上发表了证词。但是，他同样以五十对四十八的微弱优势获得认可。

此外，因为政党之间的对立，2018年1月的三天，还有同年从12月开始到2019年的三十五天，政府又因为预算相关法案不通过而被迫部分关停。后者比1995年末开始的关停还多两周，成为史上最长的一次。

以上都是一些可以载入史册的事件。截至本书执笔，美国政党之间对立的高潮是始于2019年的对特朗普的弹劾程序。在特朗普上台之前，民主党内已经出现了对其进行弹劾的呼吁声，2018年在选举中确保众议院中多数席位之后这一呼声变得更加强烈。但是，共和党占多数派的参议院不倾向于判定其有罪，众议院民主党领导层也反对弹劾。然而2019年9月，特朗普被怀疑利用与乌克兰的外交联系为自己的连任提供有利条件，这一问题浮出水面后，弹劾程序不得已被启动了。

众议院于2019年2月通过了弹劾决议之后，从第二年1月开始在参议院开始进行审判。但是，特朗普政权和议会共和党始终不肯配合，结果首次出现了对总统的弹劾审判没有证人质询的局面，最终在2月5日的裁决中判定其无罪。

此前一天，国会虽然也举行了总统的国情咨文演讲，但是演讲之前特朗普拒绝与民主党的众议院议长南希·佩洛西（Nancy Pelosi）握手，演讲之后佩洛西直接在议长席将其演讲稿的复印件撕毁丢弃，从中也可一窥两大政党之间的嫌隙之深。

共和、民主两党变化的可能性

特朗普政权下政党政治的第二点变化是推动各党改变面貌的行动变得活跃。

在共和党方面，特朗普是否能够“拿下”共和党备受关注。特朗普的主张包括贸易保护，为了排除非法移民而进行的、包含与墨西哥的边境墙在内的基础设施修建等。这些主张与极化后共和党所坚持的自由贸易、缩减政府支出等立场都是相悖的。另外，特朗普对黑人等少数族裔的敌对态度与共和党开始为了确保少数族裔投票而进行的摸索背道而驰。

在2016年总统大选之前，共和党的政治家们一直批评特朗普容易引起争议的态度和其与保守派水火不容的政策主张。但是，之后党内在特朗普的路线问题上分成了赞成和否定两派。2018年选举期间，包括参议院议长保罗·瑞安（Paul Ryan）在内的与特朗普无法达成一致的共和党议员辞职。之后，大部分共和党政治家对于特朗普的主张，要么支持，要么默许。而共和党支持者九成左右一直支持特朗普。

美国政党本身就没有政策上的统一性，再加上保守派比起自由派在意识形态上的连贯性更弱，因此共和党接受特朗普的主张而改变也并非不可能。但同时，党内也出现了阻挠特朗普再次当选的超级 PAC“林肯计划”，其今后的发展也备受关注。

另外一方的民主党中自由主义左翼势力加强，表现在在 2016 年总统选举中自称民主社会主义者的无党派参议院议员伯尼·桑德斯（不过他在议会是属于民主党派别的）参加了民主党的预选。尽管他的一些主张，如通过扩大面向老年人的医疗保险、实现国民医保、大学教育免费化等，在自由派看来有些激进，但他还是全力以赴地与强劲的候选人希拉里·克林顿展开竞争。

以此为契机，民主党内左翼势力持续增长。左翼势力期待政府在消除贫富差距和各种歧视等问题上发挥更大的作用。民主党支持者的特征之一就是年轻人的支持比较集中，桑德斯的支持者也大多是年轻人。同时在民主党支持者中，公开声称自己是“自由派”的人也再次增加。

在 2020 年总统选举民主党的预备选举中，再度出马的桑德斯一度成为最有优势的候选人。但是，认为其主张过于极端、无法战胜特朗普的观点日趋增强，最终桑德斯败给了奥巴马政权的原副总统约瑟夫·拜登。

不过，桑德斯以及同样参加 2020 年预选的参议院议员伊丽莎白·沃伦（Elizabeth Warren），还有在 2018 年选举中以史上最年轻的二十九岁成为国会众议院议员的亚历山德里娅·奥卡西奥-科尔特斯（Alexandria Ocasio-Cortez）（她以 AOC 的名字被人所熟知）等左翼在党内的影响力逐步增强。另外随着包括警察引发问题在内的、抗议对黑人的不合理暴力的“黑人的命也是命”运动的出现，被歧视和被忽视者的抗议运动重新兴起。如果说在此之前两党的极化以共和党的右倾为主，从这时起，民主党的左倾化也开始引起人们的注意。

人口动态和政党政治的走向

那么，美国政党政治的整体走向会如何呢？

两大政党的互相仇视使联邦政府陷入了“无法决断的政治”，人们对于这样的两大政党并不满意。奥巴马政权之后，盖洛普咨询公司曾做过舆论调查，对于“两大政党是否能够很好地代表美国国民”的问题，大约六成回答是否定的。两大政党对于类似于移民制度改革那些明显需要超党派去共同完成的政策都无法积极应对，这个结果也就不足为奇了。

在这个调查中，同样有大约六成的人回答美国需要第三党。但是，现有制度对两大政党格外优待，政治家背靠主要政党更为有力，在这样的前提下，几乎没有有实力的第三党的立足之地。目前即便出现了第三政党，也无法取得选举胜利，还可能像2000年总统选举中的美国绿党那样成为“扰流器”，从主张相近的主要政党那里夺走选票，给敌人主动送上人头。

那么，在现存的两大政党制度下，“无法决断的政治”是否有可能消失呢？以下依次从引发这一现象的两大政党的极化、均势对抗以及政治制度来进行考察。

如上所述，两大政党今后都有各自变化的可能性，但这些变化并不具备弱化极化的特征。因为有保守、自由这些政治基盘的存在，加上选民的极化，可以说极化在短期内消失的可能性很小。

其次，当前两党势均力敌的对抗局面又会如何发展呢？无论哪个政党如果处于明显的优势地位，政策上的停滞状态和相互仇视的状态就可能有所缓和。关于这一点，值得注意的是人口的动态变化。

在今天的美国，少数族群比起白人的人口增长速度更快一些。据预测，21 世纪中叶白人会跌破人口的半数。而且不论何种种族，年轻人都比上一个时代更加自由。因此在民主党中，已经有人在悄悄议论，认为本党很快将背负起成为多数派的“宿命”。

不过近几年来，这种看法被指太过于乐观。这与前面谈到的两大政党支持者的居住分布有关。民主党支持者有向城市集中的倾向，如果这种趋势持续下去，人口增加带来的红利将会减弱。共和党当前在更多的州占有优势，通过增加投票成本以及改变选区等方式也可以达到同样的效果。但是我们也知道以年轻人为中心的民主党支持者正在不断向南部和西部移动，今后不仅需要注意人口增加，还有必要注意人口的移动。

美国民主政治会走向多数决定主义吗?

那么，在美国，这种陷入泥潭的状态会持续下去吗?

最后值得关注的是决定政策过程的政治制度。目前政策上的胶着状态起因于政策决定时需要特别多数赞成的政治制度。特别是国会参议院的冗长辩论对于院内的多数派来说一直是一个头疼的问题。

曾经有较为集中的意见认为冗长辩论这项制度能够超越党派，不断对议案进行审议，直到议案被认可为止，是一种展示参议院本质的制度。但是近年来希望减少冗长辩论甚至禁止冗长辩论的提议颇为引人注目。特别是在民主党内部，2020 年以后恢复参议院的多数席位后，出现了推进“冗长辩论改革”的呼声。

如果这项改革方案得以实现，单纯靠过半数就可以做出决定，那么就如同总统提名的人事任命一样，政策制定上的停滞问题能够得到缓解。但是冗长辩论改革与两大政党的极化结合在一起，有可能会改变美国民主政治的特征。

在制宪会议中，那些认为实现共同善才是政治目的的人们可能会为了避免联邦政府陷入专制而限制政府权力，努力将政府分割成多个权力以使单一党派无法掌控全体。

麦迪逊在《联邦党人文集》中提出，多个派别互相抵消彼此的弊端才能维持共和制的稳定。简单来说，就是只通过符合所有人意愿的政策比较好。如果按照这种主张，今天在对立的两大政党之下产生的“无法决断的政治”可以说正好达到了麦迪逊等人的预期目的。

但是如今的美国政治制度已经转变为以两大政党间的竞争为立足点的政治。国会修改制度的方式也只不过是减少少数派的影响力而已。众议院于1890年引入了“里德定律”。进入20世纪，参议院的冗长辩论导致了审议终止动议制度的制定，1917年和1975年分别变为三分之二议员赞成和五分之三赞成就可以终止审议。1974年部分预算制定程序被禁止使用冗长辩论。进入21世纪之后，其也不再适用于人事任命。

众议院已经在相当程度上按照多数党的意愿行动了。参议院的冗长辩论可以说是抵抗多数派管理政府的多数决定主义的最后堡垒。冗长辩论改革的意义是在极化的两大政党制现状下将美国政治改造为多数决定主义的结构，以此解决政策停滞的问题。

两大政党面对无法制定出新政政策的现状只会互相推诿责任，

这种情况任谁看来都是不会有出路的。就如政党研究委员会所指出的那样，联邦政府的重要性已经远远超越了麦迪逊等人的设想。

多数人对民主进程的担忧越来越强烈，在这种情况下，实行多数决定主义的联邦政府是否可取，其实还未有定论。如果政党约束力仍然薄弱，而且依旧是分裂政府的话，多数决定主义也存在局限性。在现在这个节点，很难判断实际会怎样发展。但是，今天两大政党的极化和对抗局面无疑具有历史意义，它迫使人们重新审视美国政治的基本特征。

后记

担当本书编辑的白户直人先生邀请我写作本书已是十年前的事了。当时我已经出版了有关美国南北战争后两大政党制的第一本学术著作，正在考虑接下来的研究方向。本来的想法是把这本书当做政党政治研究的“毕业论文”来写，这一企划在出版社通过还是挺顺利的，但没想到新的研究难度远超预期，以致我很长时间都无暇顾及本书，就这样蹉跎了些许日子，我对此深感抱歉。

本书就这样被一再推迟，不过能在现在这个时间点出版其实也不错。因为短期来看，两大政党的极化、对抗状态是不可能改变的。另外更重要的是，有关两大政党的极化研究已经取得了长足的发展，这让本书的内容充实了许多。

但是，用一本全新的书去讲述超过两个世纪的美国政党政治史，同时还要兼顾理论性的说明，其实是一桩颇为困难的事。在史实说明以及对外交现状的解说、极化理论的阐述等方面可能会让人略感不足，这也是因本书主要是面对初学者集中介绍美国独特的政党政治概况所致。至于是否能达成这一目的，还有待读者的批评指正。

就是这样一本拙作，如果没有来自各方的协助是不可能完成的。毕竟美国政党是如同帐篷一样的存在，美国政治研究不能离开政党空谈，在此对于在研究生活上帮助过我的各位，以及对本书成书过程产生直接影响的各位表示感谢。

白户直人不仅让我这个当时只是初出茅庐的研究者自由选择主题，还一直等待迟迟未能动笔的我。开始执笔之后，他也给了我很多建议，还担当了为我生硬的文体进行改造指导一职。如果本书多少能让普通读者觉得好读，那一定是白户氏的功劳。

本书的出发点是我最早有关美国重建期的研究，因此想再次对已经仙逝的五十岚武士老师和美国的乔·谢尔比老师的师恩表达感激之情。此外，这一研究能够成书，很大程度上也要归功于东京大学出版社的奥田修一先生，他也教会了我许多。

对于历史研究专业的我来说，曾经有几次能够集中地就现代政党政治进行思考的机会，这对本书的执笔大有帮助。其中司法、法律专家和极化关系的内容部分受益于以五十岚老师和久保文明老师为中心的共同研究，而高桥百合子老师和粕谷祐子老师邀请我进行的共同研究则对“基于其他手段的政治”等内容积累了丰富的素材。

关于两大政党的极化全貌，纲谷龙介老师邀请我参加的日本比较政治学会上的报告，以及田所昌幸老师和待鸟聡史老师的引介下写成的关于特朗普政权上台的内容，都成为了本书讨论的基础。特别是活跃在日美两国政治领域、不断发表优秀论文著述的待鸟老师给了我知识上极大的刺激。在这里谨表感谢。

本书的很多内容我都已经在大学和研究生院的授课内容中讲过，这里也要感谢坚持听课的各位同学。另外在整理稿件的最后阶段，与我同校任教的相川裕亮、松田俊一、李环诚、早崎成都、矢吹弘孝、长谷川敬介等人都给予草稿非常宝贵的意见。这些都具体反映在了本书的内容中。当然，书中残留的各种错误，责任全在我本人。

本书的写作工作主要始于 2020 年 3 月开始的研究休假。我要感谢给了我这次宝贵机会的各位同僚。当时我利用这个机会前往纽约州的康奈尔大学做研究员，延续至今。我要向政治学院的理查德·巴塞尔老师表示深深的谢意，他愿意接受我入校并担任我研修时的导师。

但是，因为新冠疫情的扩大化，我在 3 月初进入美国之后马上开始了居家隔离，随即整个州都进入停摆状态，大学的设施几乎无法利用。这次研究变成了各种特殊情况频发的在外研究，但也是在这样的状况下我以极大的兴趣对政党政治的发展进行了观察。

即便是在疫情全国大流行的时候，激烈的政党对立依然存在。因为围绕经济救济对象和规模方面两大政党存在矛盾，所以应对病毒感染扩大事态的法案迟迟无法在国会获得通过。

特朗普总统不肯承担起应对病毒的主导权，只能由各州以州长为中心实施封停或者整顿医疗体制。总体而言，民主党的州长比共和党的州长更加积极地采取措施，对于解除封停也十分慎重，这与希望尽快恢复社会经济活动的特朗普产生了激烈的对立。在一些共和党和保守系组织的支持下，出现了针对民主党领袖的反封停运动。

党派对立还以其他各种形式出现。比如保守派对于政府的强制行为非常抵触，希望能够尽快恢复经济活动，一直对戴口罩这一防止感染的有效措施表示抗拒。不仅是政治家，普通市民是否佩戴口罩也已经成为表明其政治态度的一种方式。这也可以说是感情极化的一个环节。

另一方面，5 月下旬黑人乔治·弗洛伊德（George Freud）在明尼苏达州明尼阿波利斯被白人警察杀死。在此之前，很多黑人和拉丁裔美国人作为“不可或缺的劳动者”在新冠期间作出了巨大的牺牲。加上这个事件，“黑人的命也是命”运动复燃，这种抵抗结构性种族歧视的运动不仅在全美，甚至在全世界范围内蔓延开来。

对于这场运动，以前持观望态度的大小企业和职业运动团体等相继表明了支持态度。除了警察改革之外，还出现了一系列的运动，如反对公共场合出现南北战争时期的南部邦联旗，取消对曾经支持过奴隶制和种族歧视的历史人物的表彰等。共和党一边也出现了一些赞成的表态。参议院议员卡玛拉·哈里斯（Kamala Harris）作为亚非裔女性首次被选为民主党副总统候选人，也推动了这一系列活动的进展。

在这一系列活动中，特朗普总统作为一个焦点，其行为持续对总统选举产生影响。尽管在病毒大流行期间，更多人认为投票应该通过邮寄进行发放，但是特朗普认为这会成为不公正的温床因此坚决反对。另外，调动军队和联邦治安部队用来镇压和平时期的抵抗运动，也让人们对是否能够实施公平的选举产生不安。甚至有人指出，选举之后可能会因为统计结果而产生争议，特别是如果特朗普失败，他也可能会因为不承认失败而继续坐在总统位子上。

大选之后也出现了有趣的动向。7 月，民权运动斗士、联邦众议院议员约翰·刘易斯（John L. Lewis）去世，前总统奥巴马在刘易斯的葬礼追悼演讲中指出国会参议院的冗长辩论是阻碍政治平等立法的“吉姆·克劳法（种族隔离法）的遗制”，表达了希望将其废除的态度。除此之外，参议院议员桑德斯也表示赞同。无论哪个政党成为参议院的多数派，都有可能对冗长辩论的改革进行探讨。

因此对美国来说，2020 年在多种意义上成为具有历史意义的一年。截至本书执笔的时间点，包含选举结果在内，很多事情的发展态势都难以预测，我会持续在现场观察其动向。

最后，在新冠引起的混乱与不安的时期中，妻子菜穗和女儿文音和我一起来到美国，借此机会我想向她们表示感谢。尤其是女儿，虽然她在当地的小学入学，但直到夏令营之前，都没有机会跟朋友们一起玩耍，这让我觉得很抱歉。尽管她还不太了解政治，但是将来会成为新冠流行之后世界的中坚力量。或许在某一天，她会想到现在发生的这一切从而翻开本书。我期待着这一天的到来。

冈山裕
2020 年 8 月
观看民主党线上全国党代表大会之际

参考文献

读完本书之后想进一步了解更多内容的读者可参考以下所列书目。(排列顺序按照著者名字的日语五十音图顺序或英文字母顺序)

限于篇幅，除本书正文直接提及的信息、文献（书籍杂志信息的后面加了*记号）以及与本书相关的我个人论文之外，只提供了书籍的名称。

关于日语文献，所列皆为较为容易获取的、重要的内容。英语文献主要列举了本书执笔时所参考的内容。

借此机会对从事美国政党政治研究的前辈们表示感谢。如诸位读者能够通过这些文献加深对美国政党政治的理解，我将感到不胜荣幸。

<美国政治、政治史相关的教科书、概论>
岡山裕・西山隆行編『アメリカの政治』（弘文堂、2019年）
紀平英作編『アメリカ史』上下（山川出版社、2018年）
久保文明『アメリカ政治史』（有斐閣、2019年）
久保文明・砂田一郎・松岡泰・森脇俊雅『アメリカ政治』第3版（有斐閣、2017年）
斎藤眞・古矢旬『アメリカ政治外交史』第2版（東京大学出版会、2012年）
西山隆行『アメリカ政治講義』（ちくま新書、2018年）
————『アメリカ政治入門』（東京大学出版会、2018年）

<序　章>
John H. Aldrich, *Why Parties? A Second Look* (Chicago: University of Chicago Press, 2011).

Charles M. Cameron, *Veto Bargaining: Presidents and the Politics of Negative Power* (New York: Cambridge University Press, 2000).
Gary W. Cox and Mathew D. McCubbins, *Setting the Agenda: Responsible Party Government in the U.S. House of Representatives* (New York: Cambridge University Press, 2005).
———, *Legislative Leviathan: Party Government in the House*, 2nd ed. (New York: Cambridge University Press, 2007).
George C. Edwards, III, *The Strategic President: Persuasion and Opportunity in Presidential Leadership* (Princeton: Princeton University Press, 2009).
Richard F. Fenno, *Home Style: House Members in Their Districts* (New York: Longman, [1978] 2003)
Marjorie Randon Hershey, *Party Politics in America*, 17th ed. (New York: Routledge, 2017).
V. O. Key, *Politics, Parties, and Pressure Groups* (New York: Thomas Y. Crowell, 1942).
Keith Krehbiel, *Pivotal Politics: A Theory of U.S. Lawmaking* (Chicago: University of Chicago Press, 1998).
Richard Neustadt, *Presidential Power and the Modern Presidents* (New York: Free Press, 1990). ＊
大沢秀介『アメリカの司法と政治』(成文堂、2016年)
アンソニー・ダウンズ (古田精司監訳)『民主主義の経済理論』(成文堂、1980年) ＊
ロバート・A・ダール (杉田敦訳)『アメリカ憲法は民主的か』(岩波書店、2014年)
待鳥聡史『代議制民主主義—「民意」と「政治家」を問い直す』(中公新書、2015年)
———『政党システムと政党組織』(東京大学出版会、2015年)
———『アメリカ大統領制の現在—権限の弱さをどう乗り越えるか』(NHKブックス、2016年)
デイヴィッド・メイヒュー (岡山裕訳)『アメリカ連邦議会—選挙とのつながりで』(勁草書房、2013年)
デイヴィッド・E・ルイス (稲継裕昭監訳)『大統領任命の政治学—政治任用の実態と行政への影響』(ミネルヴァ書房、2009年)

<第１章>

Bernard Bailyn, *The Ideological Origins of the American Revolution*, fiftieth anniversary ed. (Cambridge, Mass.: Belknap Press of Harvard University Press, 2017).
William Nisbet Chambers, *Political Parties in a New Nation: The*

American Experience, 1776-1809 (New York: Oxford University Press, 1963).
Stanley M. Elkins and Eric L. McKitrick, *The Age of Federalism: The Early American Republic, 1788-1800* (New York: Oxford University Press, 1993).
Richard Hofstadter, *The Idea of a Party System: The Rise of Legitimate Opposition in the United States, 1780-1840* (Berkeley: University of California Press, 1970).
Alexander Keyssar, *The Right to Vote: The Contested History of Democracy in the United States* (New York: Basic Books, 2000).
Paul Kleppner et al., *The Evolution of American Electoral Systems* (Westport: Greenwood Press, 1981).
Richard P. McCormick, *The Presidential Game: The Origins of American Presidential Politics* (New York: Oxford University Press, 1982).
Gary B. Nash, *The Urban Crucible: Social Change, Political Consciousness, and the Origins of the American Revolution* (Cambridge, Mass.: Harvard University Press, 1979)
Sean Wilentz, *The Rise of American Democracy: Jefferson to Lincoln* (New York: W.W. Norton, 2005).
Gordon S. Wood, *The Creation of the American Republic, 1776-1787* (Chapel Hill: University of North Carolina Press, 1969).
———, *Empire of Liberty: A History of the Early Republic, 1789-1815* (New York: Oxford University Press, 2009).
明石紀雄『トマス・ジェファソンと「自由の帝国」の理念―アメリカ合衆国建国史序説』(ミネルヴァ書房、2000年)
阿川尚之『憲法で読むアメリカ史（全）』(ちくま学芸文庫、2013年)
五十嵐武士『アメリカの建国―その栄光と試練』(東京大学出版会、1984年)
石川敬史『アメリカ連邦政府の思想的基礎―ジョン・アダムズの中央政府論』(渓水社、2008年)
ゴードン・S・ウッド（中野勝郎訳）『アメリカ独立革命』(岩波書店、2016年)
櫛田久代『初期アメリカの連邦構造―内陸開発政策と州主権』(北海道大学出版会、2009年)
斎藤眞『アメリカ革命史研究―自由と統合』(東京大学出版会、1992年)
ロン・チャーナウ（井上廣美訳）『ハミルトン―アメリカ資本主義を創った男』上下（日経ＢＰ、2019年)
中野勝郎『アメリカ連邦体制の確立―ハミルトンと共和政』(東京大学出版会、1993年)
Ａ・ハミルトン、Ｊ・ジェイ、Ｊ・マディソン（斎藤眞・中野勝郎訳）『ザ・フェデラリスト』(岩波文庫、1999年)

バーナード・ベイリン（田中和か子訳）『アメリカ政治の起源』（東京大学出版会、1975年）
ジョン・ミーチャム（森本奈理訳）『トマス・ジェファソン―権力の技法』上下（白水社、2020年）
和田光弘『植民地から建国へ―19世紀初頭まで』（岩波新書、2019年）

<第２章>

Glenn C. Altschuler and Stuart M. Blumin, *Rude Republic: Americans and Their Politics in the Nineteenth Century* (Princeton: Princeton University Press, 2000).
Tyler G. Anbinder, *Nativism and Slavery: The Northern Know Nothings and the Politics of the 1850s* (New York: Oxford University Press, 1992).
Jean H. Baker, *Affairs of Party: The Political Culture of Northern Democrats in the Mid-Nineteenth Century* (Ithaca: Cornell University Press, 1983).
Paul Bourke and Donald A. DeBats, *Washington County: Politics and Community in Antebellum America* (Baltimore: Johns Hopkins University Press, 1995).
Eric Foner, *Free Soil, Free Labor, Free Men: The Ideology of the Republican Party Before the Civil War* (New York: Oxford University Press, [1970] 1995).
———, *Reconstruction: America's Unfinished Revolution, 1863-1877*, updated ed. (New York: HarperPerennial, 2014).
Ronald P. Formisano, *The Transformation of Political Culture: Massachusetts Parties, 1790s-1840s* (New York: Oxford University Press, 1983).
William E. Gienapp, *The Origins of the Republican Party, 1852-1856* (New York: Oxford University Press, 1987).
Michael F. Holt, *The Rise and Fall of the American Whig Party: Jacksonian Politics and the Onset of the Civil War* (New York: Oxford University Press, 1999).
Joel H. Silbey, *A Respectable Minority: The Democratic Party in the Civil War Era, 1860-1868* (New York: W.W. Norton, 1977).
———, *The Partisan Imperative: The Dynamics of American Politics Before the Civil War* (New York: Oxford University Press, 1985).
———, *The American Political Nation, 1838-1893* (Palo Alto: Stanford University Press, 1991).
Harry L. Watson, *Liberty and Power: The Politics of Jacksonian America* (New York: Hill and Wang, 1990).
Robert H. Wiebe, *Self-Rule: A Cultural History of American Democracy* (Chicago: University of Chicago Press, 1995).
上杉忍『アメリカ黒人の歴史―奴隷貿易からオバマ大統領まで』（中公

新書、2013年）
岡山裕『アメリカ二大政党制の確立─再建期における戦後体制の形成と共和党』（東京大学出版会、2005年）
貴堂嘉之『移民国家アメリカの歴史』（岩波新書、2018年）
────『南北戦争の時代─19世紀』（岩波新書、2019年）
トクヴィル（松本礼二訳）『アメリカのデモクラシー』全４巻（岩波文庫、2005〜08年）
ドリス・カーンズ・グッドウィン（平岡緑訳）『リンカーン』上中下巻（中公文庫、2013年）
田中きく代『南北戦争期の政治文化と移民─エスニシティが語る政党再編成と救貧』（明石書店、2000年）
エリック・フォーナー（森本奈理訳）『業火の試練─エイブラハム・リンカンとアメリカ奴隷制』（白水社、2013年）

＜第３章＞

Morton Keller, *Affairs of State: Public Life in Late Nineteenth Century America* (Cambridge, Mass.: Harvard University Press, 1977).
Paul Kleppner, *The Third Electoral System, 1853-1892: Parties, Voters and Political Cultures* (Chapel Hill: University of North Carolina Press, 1979).
Michael E. McGerr, *The Decline of Popular Politics: The American North, 1865-1928* (New York: Oxford University Press, 1986).
————, *A Fierce Discontent: The Rise and Fall of the Progressive Movement in America, 1870-1920* (New York: Oxford University Press, 2005).
Robert McMath, *American Populism: A Social History, 1877-1898* (New York: Farrar, Straus and Giroux, 1992).
Sidney M. Milkis, *Theodore Roosevelt, the Progressive Party, and the Transformation of American Democracy* (Lawrence: University Press of Kansas, 2009).
John F. Reynolds, *The Demise of the American Convention System, 1880-1911* (New York: Cambridge University Press, 2012).
Heather Cox Richardson, *To Make Men Free: A History of the Republican Party* (New York: Basic Books, 2014).
Mark Wahlgren Summers, *The Gilded Age: Or the Hazard of New Functions* (New York: Prentice Hall, 1997).
Alan Ware, *The American Direct Primary: Party Institutionalization and Transformation in the North* (Cambridge: Cambridge University Press, 2002).
Richard White, *The Republic for Which It Stands: The United States during Reconstruction and the Gilded Age, 1865-1896* (New York: Oxford

University Press, 2017).
Robert H. Wiebe, *The Search for Order, 1877-1920* (New York: Hill and Wang, [1967] 1980).
秋元英一『世界大恐慌―1929年に何がおこったか』(講談社学術文庫、2009年)
有賀夏紀『アメリカの20世紀＜上＞―1890年～1945年』(中公新書、2002年)
井口治夫『誤解された大統領―フーヴァーと総合安全保障構想』(名古屋大学出版会、2018年)
C・V・ウッドワード(清水博他訳)『アメリカ人種差別の歴史』(福村出版、1998年)
ハーバート・G・ガットマン(大下尚一他訳)『金ぴか時代のアメリカ』(平凡社、1986年)
菅原和行『アメリカ都市政治と官僚制―公務員制度改革の政治過程』(慶應義塾大学出版会、2010年)
中島醸『アメリカ国家像の再構成―ニューディール・リベラル派とロバート・ワグナーの国家構想』(勁草書房、2019年)
中野耕太郎『20世紀アメリカ国民秩序の形成』(名古屋大学出版会、2015年)
――――『20世紀アメリカの夢―世紀転換期から一九七〇年代』(岩波新書、2019年)
西川賢『ニューディール期民主党の変容―政党組織・集票構造・利益誘導』(慶應義塾大学出版会、2008年)
平田美和子『アメリカ都市政治の展開―マシーンからリフォームへ』(勁草書房、2001年)
リチャード・ホーフスタッター(清水知久他訳)『改革の時代―農民神話からニューディールへ』(みすず書房、1988年)＊

＜第4章＞
American Political Science Association, Committee on Political Parties, "Toward a More Responsible Two-Party System," *American Political Science Review*, Vol. 44, No. 3, Part 2, Supplement (1950). ＊
Marty Cohen, David Karol, Hans Noel, and John Zaller, *The Party Decides: Presidential Nominations Before and After Reform* (Chicago: University of Chicago Press, 2008).
Rhodes Cook, *The Presidential Nominating Process: A Place for Us?* (Lanham, MD: Rowman & Littlefield, 2003).
Matt Grossman and David A. Hopkins, *Asymmetric Politics: Ideological Republicans and Group Interest Democrats* (New York: Oxford University Press, 2016).
Shigeo Hirano and James M. Snyder, Jr., *Primary Elections in the United*

States（New York: Cambridge University Press, 2019）.
Bryan D. Jones, Sean M. Theriault, and Michelle C. Whyman, *The Great Broadening: How the Vast Expansion of the Policymaking Agenda Transformed American Politics*（Chicago: University of Chicago Press, 2019）.
David M. Kennedy, *Freedom from Fear: The American People in Depression and War, 1929-1945*（New York: Oxford University Press, 1999）.
Nolan McCarty, *Polarization: What Everyone Needs to Know*（New York: Oxford University Press, 2019）.
Sidney M. Milkis, *The President and the Parties: The Transformation of the American Party System since the New Deal*（New York: Oxford University Press, 1993）.
James T. Patterson, *Grand Expectations: The United States, 1945-1974*（New York: Oxford University Press, 1996）.
Eric Schickler, *Racial Realignment: The Transformation of American Liberalism, 1932-1965*（Princeton: Princeton University Press, 2016）.
有賀夏紀『アメリカの20世紀＜下＞―1945年～2000年』（中公新書、2002年）
飯山雅史『アメリカの宗教右派』（中公新書ラクレ、2008年）
宇野重規『保守主義とは何か―反フランス革命から現代日本まで』（中公新書、2016年）
トマス・B・エドソール、メアリー・D・エドソール（飛田茂雄訳）『争うアメリカ―人種・権利・税金』（みすず書房、1995年）
岡山裕「アメリカ二大政党の分極化は責任政党化につながるか」、『日本比較政治学会年報』第17号（2015年）所収。
ラッセル・カーク（会田弘継訳）『保守主義の精神』上下（中公選書、2018年）
川島正樹『アメリカ市民権運動の歴史―連鎖する地域闘争と合衆国社会』（名古屋大学出版会、2008年）
土田宏『ケネディ―「神話」と実像』（中公新書、2007年）
西川賢『分極化するアメリカとその起源―共和党中道路線の盛衰』（千倉書房、2015年）
西山隆行『アメリカ型福祉国家と都市政治―ニューヨーク市におけるアーバン・リベラリズムの展開』（東京大学出版会、2008年）
ジェイムズ・T・パターソン（籾岡宏成訳）『ブラウン判決の遺産―アメリカ公民権運動と教育制度の歴史』（慶應義塾大学出版会、2010年）
堀内一史『アメリカと宗教―保守化と政治化のゆくえ』（中公新書、2010年）
セオドア・ロウィ（村松岐夫監訳）『自由主義の終焉―現代政府の問題性』（木鐸社、1981年）
渡辺靖『リバタリアニズム―アメリカを揺るがす自由至上主義』（中公

新書、2019年）

<第5章>

Morris P. Fiorina, *Unstable Majorities: Polarization, Party Sorting, and Political Stalemate* (Stanford: Hoover Institution Press, 2017).

Benjamin Ginsberg and Martin Shefter, *Politics by Other Means: Politicians, Prosecutors, and the Press from Watergate to Whitewater*, 3rd ed. (New York, W.W. Norton, 2002).

Thomas T. Holyoke, *Interest Groups and Lobbying: Pursuing Political Interests in America* (Boulder: Westview Press, 2014).

David Karol, *Red, Green, and Blue: The Partisan Divide on Environmental Issues* (New York: Cambridge University Press, 2019).

Kevin M. Kruse and Julian E. Zelizer, *Fault Lines: A History of the United States since 1974* (New York, W.W. Norton, 2019).

Frances E. Lee, *Insecure Majorities: Congress and the Perpetual Campaign* (Chicago: University of Chicago Press, 2016). ＊

Theodore J. Lowi, *The End of the Republican Era* (Norman: University of Oklahoma Press, 1995).

David R. Mayhew, *Divided We Govern: Party Control, Lawmaking, and Investigations, 1946-2002*, 2nd ed. (New Haven: Yale University Press, 2005).

Pew Research Center, "In Changing U.S. Electorate, Race and Education Remain Stark Dividing Lines," June 2, 2020, available at https://www.pewresearch.org/politics/2020/06/02/in-changing-u-s-electorate-race-and-education-remain-stark-dividing-lines/ (last accessed Aug. 20, 2020). ＊

Andrew Rich, *Think Tanks, Public Policy, and the Politics of Expertise* (New York: Cambridge University Press, 2004).

Steven E. Schier, *By Invitation Only: The Rise of Exclusive Politics in the United States* (Pittsburgh: University of Pittsburgh Press, 2000).

Barbara L. Sinclair, *Unorthodox Lawmaking: New Legislative Processes in the U.S. Congress*, 5th ed. (Washington, D.C.: CQ Press, 2016).

Theda Skocpol and Vanessa Williamson, *The Tea Party and the Remaking of Republican Conservatism* (New York: Oxford University Press, 2012).

Steven M. Teles, *The Rise of the Conservative Legal Movement: The Battle for Control of the Law* (Princeton: Princeton University Press, 2012).

Martin P. Wattenberg, *The Decline of American Political Parties, 1952-1996*, 5th ed. (Cambridge, Mass.: Harvard University Press, [1984] 1998).

Sean Wilentz, *The Age of Reagan: A History, 1974-2008* (New York: HarperCollins, 2009).

Olivier Zunz, *Philanthropy in America: A History*, rev. ed.（Princeton: Princeton University Press, 2014）.

ボブ・ウッドワード（伏見威蕃訳）『政治の代償』（日本経済新聞出版、2013年）

岡山裕「イデオロギー政治の変容と連邦司法人事―共和党政権の人事戦略の『転換』を中心に」、五十嵐武士・久保文明編『アメリカ現代政治の構図―イデオロギー対立とそのゆくえ』（東京大学出版会、2009年）所収。

――――「政治インフラとしての法曹とその組織」、久保文明編『アメリカ政治を支えるもの―政治的インフラストラクチャーの研究』（財団法人日本国際問題研究所、2011年）所収。

――――「アメリカの政府監視団体の政治過程―利益団体政治の視角から」、高橋百合子編『アカウンタビリティ改革の政治学』（有斐閣、2015年）所収。

――――「アメリカ二大政党政治の中の「トランプ革命」」、『アステイオン』第086号（2017年）所収。

久保文明『現代アメリカ政治と公共利益―環境保護をめぐる政治過程』（東京大学出版会、1997年）

久保文明編『G・W・ブッシュ政権とアメリカの保守勢力―共和党の分析』（財団法人日本国際問題研究所、2003年）

――――『米国民主党―2008年政権奪回への課題』（財団法人日本国際問題研究所、2005年）

――――『アメリカ外交の諸潮流―リベラルから保守まで』（財団法人日本国際問題研究所、2007年）

久保文明・東京財団「現代アメリカ」プロジェクト編『ティーパーティ運動の研究―アメリカ保守主義の変容』（NTT出版、2012年）

久保文明・松岡泰・西山隆行・東京財団「現代アメリカ」プロジェクト編『マイノリティが変えるアメリカ政治』（NTT出版、2012年）

佐々木毅『アメリカの保守とリベラル』（講談社学術文庫、1993年）

中山俊宏　『アメリカン・イデオロギー―保守主義運動と政治的分断』（勁草書房、2013年）

西川賢『ビル・クリントン―停滞するアメリカをいかに建て直したか』（中公新書、2016年）

グローバー・G・ノーキスト（久保文明・吉原欽一訳）『「保守革命」がアメリカを変える』（中央公論社、1996年）

古矢旬『ブッシュからオバマへ―アメリカ変革のゆくえ』（岩波書店、2009年）

――――『グローバル時代のアメリカ―冷戦時代から21世紀』（岩波新書、2020年）

ジェフリー・M・ベリー（松野弘監訳）『新しいリベラリズム―台頭する市民活動パワー』（ミネルヴァ書房、2009年）

前嶋和弘『アメリカ政治とメディア―「政治のインフラ」から「政治の主役」に変貌するメディア』(北樹出版、2010年)
前嶋和弘・山脇岳志・津山恵子編『現代アメリカ政治とメディア』(東洋経済新報社、2019年)
待鳥聡史『<代表>と<統治>のアメリカ政治』(講談社選書、2009年)
松井茂記『ブッシュ対ゴア―2000年アメリカ大統領選挙と最高裁判所』(日本評論社、2001年)
松本俊太『アメリカ大統領は分極化した議会で何ができるか』(ミネルヴァ書房、2017年)
ジェームズ・マン(渡辺昭夫監訳)『ウルカヌスの群像―ブッシュ政権とイラク戦争』(共同通信社、2004年)
宮田智之『アメリカ政治とシンクタンク―政治運動としての政策研究機関』(東京大学出版会、2017年)
村田晃嗣『レーガン―いかに「アメリカの偶像」となったか』(中公新書、2011年)
山岸敬和『アメリカ医療制度の政治史―20世紀の経験とオバマケア』(名古屋大学出版会、2014年)
山岸敬和・西川賢編『ポスト・オバマのアメリカ』(大学教育出版、2016年)
油井大三郎・遠藤泰生編『多文化主義のアメリカ―揺らぐナショナル・アイデンティティ』(東京大学出版会、1999年)
吉野孝・前嶋和弘編『2008年アメリカ大統領選挙―オバマの当選は何を意味するのか』(2009年)、『オバマ政権はアメリカをどのように変えたのか―支持連合・政策成果・中間選挙』(2010年)、『オバマ政権と過渡期のアメリカ社会―選挙、政党、制度、メディア、対外援助』(2012年)、『オバマ後のアメリカ政治―2012年大統領選挙と分断された政治の行方』(2014年、いずれも東信堂)
渡辺将人『現代アメリカ選挙の変貌―アウトリーチ・政党・デモクラシー』(名古屋大学出版会、2016年)

<終　章>

Julia Azari, "Weak Parties and Strong Partisanship Are a Bad Combination," Vox, Nov. 3, 2016, https://www.vox.com/mischiefs-of-faction/2016/11/3/13512362/weak-parties-strong-partisanship-bad-combination (last accessed June 1, 2020). *
Alex Hertel-Fernandez, *State Capture: How Conservative Activists, Big Businesses, and Wealthy Donors Reshaped the American States and the Nation* (New York: Oxford University Press, 2019).
Lilliana Mason, *Uncivil Agreement: How Politics Became Our Identity* (Chicago: University of Chicago Press, 2018).
Nolan McCarty, Keith T. Poole, and Howard Rosenthal, *Polarized America:*

The Dance of Ideology and Unequal Riches, 2nd ed.（Cambridge, Mass.: MIT Press, 2016）. ＊
Ben Merriman, *Conservative Innovators: How States Are Challenging Federal Power*（Chicago: University of Chicago Press, 2019）.
Pew Research Center, "Partisanship and Political Animosity in 2016", June 22, 2016, available at https://www.pewresearch.org/polifics/2016/06/22/partisanship-and-political-animosity-in-2016/（last accessed Aug. 20, 2020）. ＊
————, "The Partisan Divide on Political Values Grows Even Wider," Oct. 5, 2017, available at https://www.pewresearch.org/polifics/2017/10/05/the-partisan-divide-on-political-values-grows-even-wider/（last accessed Aug. 20, 2020）. ＊
RJ Reinhart, "Majority in U.S. Still Say a Third Party Is Needed," Oct. 26, 2018, Gallup.com, available at https://news.gallup.com/poll/244094/majority-say-third-party-needed.aspx（last accessed June 1, 2020）. ＊
Daniel Schlozman and Sam Rosenfeld, "The Hollow Parties," in Frances E. Lee and Nolan McCarty, eds., *Can America Govern Itself?*（New York: Cambridge University Press, 2019）, pp. 120-152. ＊
Jake Sherman and Anna Palmer, *The Hill to Die on: The Battle for Congress and the Future of Trump's America*（New York: Crown, 2019）.
John Sides, Michael Tesler, and Lynn Vavreck, *Identity Crisis: The 2016 Presidential Campaign and the Battle for the Meaning of America*（Chicago: University of Chicago Press, 2018）.
Theda Skocpol and Caroline Tervo, eds., *Upending American Politics: Polarizing Parties, Ideological Elites, and Citizen Activists from the Tea Party to the Anti-Trump Resistance*（New York: Oxford University Press, 2020）.
Gregory J. Wawro and Eric Schickler, *Filibuster: Obstruction and Lawmaking in the U.S. Senate*（Princeton: Princeton University Press, 2006）.
ボブ・ウッドワード（伏見威蕃訳）『ＦＥＡＲ　恐怖の男―トランプ政権の真実』（日本経済新聞出版、2018年）
金成隆一『ルポ　トランプ王国―もう一つのアメリカを行く』（岩波新書、2017年）
————『ルポ　トランプ王国２―ラストベルト再訪』（岩波新書、2019年）
久保文明・阿川尚之・梅川健編『アメリカ大統領の権限とその限界―トランプ大統領はどこまでできるか』（日本評論社、2018年）
ジャスティン・ゲスト（吉田徹・西山隆行・石神圭子・河村真実訳）『新たなマイノリティの誕生―声を奪われた白人労働者たち』（弘文堂、2019年）

西山隆行『格差と分断のアメリカ』（東京堂出版、2020年）
アリ・バーマン（秋元由記訳）『投票権をわれらに―選挙制度をめぐるアメリカの新たな闘い』（白水社、2020年）
吉野孝・前嶋和弘編著『危機のアメリカ「選挙デモクラシー」―社会経済変化からトランプ現象へ』（東信堂、2020年）
マーク・リラ（夏目大訳）『リベラル再生宣言』（早川書房、2018年）
スティーブン・レビツキー、ダニエル・ジブラット（濱野大道訳）『民主主義の死に方―二極化する政治が招く独裁への道』（新潮社、2018年）
渡辺靖『白人ナショナリズム―アメリカを揺るがす「文化的反動」』（中公新書、2020年）

附录

国会中政党、党派的议席分布/总统的所属政党、党派（1789~2019）

		参议院			众议院			总统	
上任年	议会期	联邦派	共和派	其他	联邦派	共和派	其他	党派	名字
1789	1	18	8	0	37	28	0	无	G. 华盛顿
1791	2	16	13	0	39	30	0		
1793	3	16	14	0	51	54	0	无	G. 华盛顿
1795	4	21	11	0	47	59	0		
1797	5	22	10	0	57	49	0	联邦派	J. 亚当斯
1799	6	22	10	0	60	46	0		
1801	7	15	17	0	38	68	0	共和派	T. 杰弗逊
1803	8	9	25	0	39	103	0		
1805	9	7	27	0	28	114	0	共和派	T. 杰弗逊
1807	10	6	28	0	26	116	0		
1809	11	7	27	0	50	92	0	共和派	J. 麦迪逊
1811	12	6	30	0	36	107	0		
1813	13	8	28	0	68	114	0	共和派	J. 麦迪逊
1815	14	12	26	0	64	119	0		
1817	15	12	30	0	39	146	0	共和派	J. 门罗
1819	16	9	37	0	26	160	0		
1821	17	4	44	0	32	155	0	共和派	J. 门罗
1823	18	17	31	0	24	189	0		

续 表

上任年	议会期	亚当斯派	杰克逊派		亚当斯派	杰克逊派	其他	党派	名字
1825	19	22	26	0	109	104	0	共和派	J. Q. 亚当斯
1827	20	21	27	0	100	113	0		
上任年	议会期	全国派	民主派	其他	全国派	民主派	其他	政党	姓名
1829	21	23	25	0	72	136	5	民主党	A. 杰克逊
1831	22	22	24	2	66	126	21		
1833	23	26	20	2	63	143	34	民主党	A. 杰克逊
1835	24	24	26	2	75	143	24		
1837	25	17	35	0	100	128	14	民主党	M. 范布伦
1839	26	22	30	0	109	125	8		
1841	27	29	22	0	142	98	2	辉格党	W. H. 哈里森
1843	28	29	23	0	72	147	4	辉格党	J. 泰勒（1841～ ）
1845	29	22	34	0	79	142	6	民主党	J. 波尔克
1847	30	21	38	1	116	110	4		
1849	31	25	35	2	108	113	11	辉格党	Z. 泰勒
1851	32	23	36	3	85	127	21	辉格党	M. 菲尔默（1850～ ）
1853	33	22	38	2	71	157	6	民主党	F. 皮尔斯
上任年	议会期	反民主党	民主党	其他	反民主党	民主党	其他		
1855	34	21	39	2	100	83	51		
上任年	议会期	共和党	民主党	其他	共和党	民主党	其他	政党	姓名
1857	35	20	41	5	90	132	15	民主党	J. 布坎南

续表

上任年	议会期	共和党	民主党	其他	共和党	民主党	其他	政党	姓名
1859	36	26	38	2	116	83	39	民主党	J. 布坎南
1861	37	31	15	3	108	44	31	共和党	A. 林肯
1863	38	33	10	9	85	72	27		
1865	39	39	11	4	136	38	19	共和党	A. 林肯
1867	40	57	9	0	173	47	4	共和党	A. 约翰逊（1865～ ）
1869	41	62	12	0	171	67	5	共和党	U. S. 格兰特
1871	42	56	17	1	136	104	3		
1873	43	47	19	7	199	88	5	共和党	U. S. 格兰特
1875	44	46	28	1	103	182	8		
1877	45	40	35	1	136	155	2	共和党	R. B. 海斯
1879	46	33	42	1	132	141	20		
1881	47	37	37	2	151	128	14	共和党	J. 加菲尔德
1883	48	38	36	2	117	196	12	共和党	C. 阿瑟（1881～ ）
1885	49	42	34	0	141	182	2	民主党	G. 克利夫兰
1887	50	39	37	0	152	167	6		
1889	51	51	37	0	179	152	1	共和党	B. 哈里森
1891	52	47	39	2	86	238	8		
1893	53	40	44	4	124	218	14	民主党	G. 克利夫兰
1895	54	44	40	6	254	93	10		
1897	55	44	34	12	206	124	27	共和党	W. 麦金利
1899	56	53	26	10	187	161	9		
1901	57	56	32	2	200	151	6	共和党	W. 麦金利

续 表

上任年	议会期	共和党	民主党	其他	共和党	民主党	其他	政党	姓名
1903	58	57	33	0	207	176	3	共和党	T. 罗斯福（1901～ ）
1905	59	58	32	0	251	135	0	共和党	T. 罗斯福
1907	60	61	31	0	223	167	1		
1909	61	60	32	0	219	172	0	共和党	W. H. 塔夫脱
1911	62	52	44	0	162	230	2		
1913	63	44	51	1	134	291	10	民主党	W. 威尔逊
1915	64	40	56	0	196	230	9		
1917	65	42	54	0	215	214	6	民主党	W. 威尔逊
1919	66	49	47	0	240	192	2		
1921	67	59	37	0	302	131	2	共和党	W. 哈丁
1923	68	53	42	1	225	207	3	共和党	C. 柯立芝（1923～ ）
1925	69	54	41	1	247	183	5	共和党	C. 柯立芝
1927	70	48	46	1	238	194	3		
1929	71	56	39	1	270	164	1	共和党	H. 胡佛
1931	72	48	47	1	218	216	1		
1933	73	36	59	1	117	313	5	民主党	F. 罗斯福
1935	74	25	69	2	103	322	10		
1937	75	16	76	4	88	334	13	民主党	F. 罗斯福
1939	76	23	69	4	169	262	4		
1941	77	28	66	2	162	267	6	民主党	F. 罗斯福
1943	78	38	57	1	209	222	4		
1945	79	38	57	1	189	244	2	民主党	F. 罗斯福

续 表

上任年	议会期	共和党	民主党	其他	共和党	民主党	其他	政党	姓名
1947	80	51	45	0	246	188	1	民主党	H. 杜鲁门（1945～ ）
1949	81	42	54	0	171	263	1	民主党	H. 杜鲁门
1951	82	47	49	0	199	235	1		
1953	83	48	47	1	221	213	1	共和党	D. 艾森豪威尔
1955	84	47	48	1	203	232	0		
1957	85	47	49	0	203	232	0	共和党	D. 艾森豪威尔
1959	86	35	65	0	153	282	1		
1961	87	36	64	0	173	264	0	民主党	J. F. 肯尼迪
1963	88	34	66	0	176	258	1	民主党	L. B. 约翰逊（1963～ ）
1965	89	32	68	0	140	295	0	民主党	L. B. 约翰逊
1967	90	36	64	0	187	248	0		
1969	91	43	57	0	192	243	0	共和党	R. 尼克松
1971	92	44	54	2	180	255	0		
1973	93	42	56	2	192	243	0		
1975	94	37	61	2	144	291	0	共和党	G. 福特（1974～ ）
1977	95	38	61	1	143	292	0	民主党	J. 卡特
1979	96	41	58	1	157	278	0		
1981	97	53	46	1	192	243	0	共和党	R. 里根
1983	98	55	45	0	166	269	0		
1985	99	53	47	0	181	254	0	共和党	R. 里根
1987	100	45	55	0	177	258	0		
1989	101	45	55	0	175	260	0	共和党	G. H. W. 布什
1991	102	44	56	0	167	267	1		

续 表

上任年	议会期	共和党	民主党	其他	共和党	民主党	其他	政党	姓名
1993	103	43	**57**	0	176	**258**	1	民主党	W. J. 克林顿
1995	104	**52**	48	0	**230**	204			
1997	105	**55**	45	0	**226**	207	2	民主党	W. J. 克林顿
1999	106	**55**	45	0	**223**	211	1		
2001	107	50	50	0	**220**	213	2	共和党	G. W. 布什
2003	108	**51**	48	1	**229**	205	1		
2005	109	**55**	44	1	**233**	201	1	共和党	G. W. 布什
2007	110	49	49	2	202	**233**	0		
2009	111	41	**57**	2	178	**257**	0	民主党	B. 奥巴马
2011	112	47	**51**	2	**242**	193	0		
2013	113	45	**53**	2	**254**	201	0	民主党	B. 奥巴马
2015	114	**54**	44	2	**247**	188	0		
2017	115	**51**	47	2	**241**	194	0	共和党	D. 特朗普
2019	116	**53**	45	2	199	**235**	0		

附注：1）由于联邦层面的选举也由各州管理，特别是19世纪之前，有时候很难掌握议员的党派。本表主要基于出处分类，部分为了对应本书的记述而进行了调整。

2）字体加粗和带深色底纹部分表示多数派。

3）议席数是选举选出时的，在议会期间会发生变化。

4）参议院有几个议会期有空缺，不在此表格统计范围内。

5）其他是指无所属或者属于第三党，其中也有可以算归属于主要政党派系的人。

6）总统姓名后附注的公历年份表示前任死亡或者辞职后继任者接管政权的年份。

来源：参众两院的议席分布数据来自各议院官网，由本书作者制作。

图字：09－2022－0627号

图书在版编目（CIP）数据

超级大国的撕裂：美国250年政党政治史/（日）冈山裕著；王伟，于永妍译. --上海：上海译文出版社，2025.5. --（历史学堂）. --ISBN 978－7－5327－9575－8

Ⅰ. D771.264

中国国家版本馆CIP数据核字第2025PY8386号

超级大国的撕裂：美国250年政党政治史

［日］冈山裕 著　王　伟　于永妍 译
责任编辑/薛　倩　装帧设计/赤　徉

上海译文出版社有限公司出版、发行
网址：www. yiwen. com. cn
201101　上海市闵行区号景路159弄B座
上海颛辉印刷厂有限公司印刷

开本890×1240　1/32　印张7.75　插页2　字数118,000
2025年5月第1版　2025年5月第1次印刷
印数：0,001—6,000册

ISBN 978－7－5327－9575－8
定价：58.00元